LICHTWELTVERLAG
WIEN

JAHN J KASSL
IM ZEICHEN DES WANDELS

EDITION
MEISTER
DIALOGE

1. Auflage 2018

Copyright © 2018 by Lichtweltverlag, Wien
Lichtweltverlag JJK OG, Albertgasse 49/13+14, A-1080 Wien
E-mail: office@lichtweltverlag.at
Telefon: +43 (1) 944 65 09
Telefax: +43 (1) 253 30 33 1750

www.lichtweltverlag.at

Umschlagmotiv © 2018 Andrea Percht, Wien, alle Rechte vorbehalten.
Druck+Gesamtherstellung: Druckerei Janetschek GmbH, Heidenreichstein, Waldviertel, UW-Nr. 637. Gedruckt in Österreich nach der Richtlinie „Druckerzeugnisse" des Österreichischen Umweltzeichens, auf dem FSC-zertifizierten Papier Münken Print Cream, chlorfrei gebleicht, aus nachhaltig bewirtschafteten Wäldern und kontrollierten Quellen.

Das Werk einschließlich aller seiner Teile ist urheberrechtlich geschützt. Jede Verwertung außerhalb der engen Grenzen des Urheberrechtsgesetzes ist ohne Zustimmung des Verlags unzulässig und strafbar. Das gilt insbesondere für Vervielfältigungen, Übersetzungen, Mikroverfilmungen und die Einspeicherung und Verarbeitung in elektronischen Systemen.

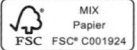

ISBN 978-3-9503586-5-0

IM ZEICHEN DES WANDELS

GESPRÄCHE **JAHN J KASSL** MIT

BABAJI
MEISTER ST. GERMAIN
SAI BABA
ERZENGEL SANDALPHON
SANANDA
ASANA MAHATARI
ERZENGEL URIEL
MEISTER HILARION
JESUS CHRISTUS
SANAT KUMARA

MÄRZ 2017 – JANUAR 2018

*Bei allen Vorgängen, die sich auf der Erde
und unmittelbar um uns herum ereignen,
kommt es am Ende darauf an,
was in uns selbst geschieht.*

JAHN J KASSL

INHALT

Vorwort des Autors: Es ereignet sich	15
Mind-Parasiten zerstören! – BABAJI	21
Dunkle Rasse kämpft ums Überleben	23
Verfügung 1	25
Verfügung 2	26
Warum zögern Menschen?	27
Not macht erfinderisch	27
Menschheit im Transformationssog	28
Die perfekten „Täuscher"	29
„Lichtkrieger" – „kämpfen" und „Gewalt"	30
Lichtschwert und Verfügungen – MEISTER ST. GERMAIN	35
Zerstören von Fremdenergien	37
Negative Elementale	38
Taufe, Einweihungen und Versprechen	40
Ergreift das Lichtschwert!	41
Auswirkung von Verfügungen	42
Ihr habt es in der Hand!	44
Von der Kinder-„Erziehung" – SAI BABA	49
Wie Kinder begeistern?	51
Warum Kinder nicht „gehorchen"	53
Wertschätzung, klare Worte und Liebe	55
Auf der Neuen Erde – MEISTER ST. GERMAIN	59
Planetare Vorgänge und die Selbstsucht – ERZENGEL SANDALPHON	69
Matrix	71
Herrscher der Matrix	72
Vertragsbruch	73
Ende des Kali Yuga und die Folgen	75
Selbstsucht heilt!	76
Selbstsucht führt zur Selbstliebe	79
Von Schulen und Kindern – BABAJI	83
Alternative Schulen	85
Schulnoten	86
Heimlerner und aufwachsen ohne Computer und Handy	88

Von Schulen und Kindern (Forts.)	
„Zucht und Ordnung"	89
Die Gender-Ideologie	90
Das Potenzial der Kinder	92
Worum es geht!	94
„Ohne Fleiß kein Preis."	94
Trotzphasen und Pubertät	97
Von Russland geht die Veränderung aus! – BABAJI	101
Lage spitzt sich zu!	104
Liebe macht uns zu Menschen – ERZENGEL SANDALPHON	107
Woher die Feigheit?	111
Selbsterkenntnis ist der Schlüssel	114
Wie geht es weiter?	116
Das Ego und die Seele – BABAJI	121
Hat ein Avatar ein Ego?	124
Das Ego verstehen	125
Die Blase der „Esoteriker"	127
Innere und äußere Bindungen	127
Familie oder aussteigen?	129
Du sollst nicht töten? – SANANDA	133
Wer schießt zuerst?	135
„Schuldimplantat"	137
„Schuldimplantat" in 3 Tagen zerstören!	138
Völkerwanderung nach Europa	140
Töten aus Notwehr und das Karma	141
Die Notwehr der Völker	142
Die große Revolution	144
Mit welchen Waffen kämpfen	146
Deutschland in größter Existenzkrise	148
Deutschland erhebt sich!	150
Der Weg zur Selbstliebe	152
Der Prophet im eigenen Land – BABAJI	157
Eigene „Launen" und „Schwächen"	160
Was channeln?	162
Transformationsdruck steigert sich!	165
Vergebung heilt dein Herz – ASANA MAHATARI	169
Vergebung ist die Lösung	172

Woher rührt die Angst vor Veränderungen? – BABAJI	175
Zivilisation auf Messers Schneide?	178
Dein Schicksal – ERZENGEL URIEL	181
Der lange Schatten	184
Wissen der Templer wird 710 Jahre später enthüllt! – MEISTER ST. GERMAIN	189
Freitag, der 13. Oktober 1307	191
Zurück in die Zukunft	192
Die „Bundeslade"	193
Blockade wird durchbrochen, Schocks werden gelöst!	195
Alles nur geträumt? – MEISTER HILARION	201
Der Sturm	203
Realität und Wirklichkeit	204
Weltuntergangsängste – oder wie lange noch?	204
Warum gibt es keine „spirituellen" Politiker? – MEISTER ST. GERMAIN	207
Menschen, die herausragen	209
Kommen die großen Herausforderungen noch?	212
Wie lange wird die Wahrheit noch unterdrückt? – MEISTER ST. GERMAIN	215
Am Beispiel der Kennedy-Geheimakte	217
Rückschläge und Machtlosigkeit	218
144.000 Erwachte als kritische Masse	220
Wie geht es weiter?	221
Reparatur der Zeitlinien, Teil 1 – CHRISTUS	225
Herkunft von Albträumen	227
Deine nie stattgefundene Kreuzigung	229
Reparatur der Zeitlinien, Teil 2 – CHRISTUS	235
Wie ist es möglich, orientiert zu bleiben?	238
Chaos in der Zeit des Übergangs – SANAT KUMARA	241
Heilungen im Schlaf	243
Wie sich Voraussagen verwirklichen	244
Deutschland wurde ins „Koma regiert"	245
Erde im Transitbereich auf neue Zeitlinie – ATOS TU NAH'	249
Fürchtet euch nicht	251
Vorsicht vor Endzeitprophezeiungen	251

Zeichen der Endzeit – JESUS CHRISTUS	255
Die gottlose Kirche Roms	257
JAHWE	257
Angstpropaganda und Einsturz des Vatikans	259
Die Zeit naht	260
Ich bin bei euch!	261
Dem Herrn der Liebe dienen – ein Leben lang – SANAT KUMARA	263
Die höchste „Verwendung"	266
Tätiges Handeln und Meditation – SANAT KUMARA	269
Das Meer des Todes überqueren	271
Warum gibt es so viele spirituelle Touristen?	273
Hast du Heimweh? – SANANDA	277
Aufarbeitungsträume	279
Zeitfenster für Ignoranz ist geschlossen!	280
Die Werkzeuge eines Menschen	282
Die Gnade Gottes	284
Dein göttlicher Geist	285
Die Demokratie-Täuschung – SANANDA	289
Der Selbsthass von heutigen Antifaschisten	291
Mimikry der Eliten	293
Krise als Chance	294
Ist außerirdische Hilfe zu erwarten?	295
Die beglückende Reise	296
Reisen auf Parallelerden – MEISTER ST. GERMAIN	299
Reparatur von Zeitlinien	301
Was macht diese Arbeit aus?	303
Reisen auf Parallelerden	304
Nachwort des Autors: Was können wir jetzt tun?	309
Literatur- und Quellenverzeichnis	313
Publikationen JAHN J KASSL	317

VORWORT DES AUTORS

ES EREIGNET SICH

Geschätzte Leser, liebe Freunde!

Die Veränderungen auf der Erde sind unübersehbar! Dennoch hat sich bei vielen Menschen eine gewisse „Transformations- und Aufstiegsmüdigkeit" eingestellt. Das lange Warten auf die alles verändernde Wende hat bei vielen die Zweifel geweckt und das Urteilsvermögen eingetrübt. Andererseits erleben wir, wie sich völlig überraschend Menschen, von denen wir es niemals vermutet hätten, plötzlich dem Lichte zuwenden und neue Wege beschreiten.

Die aktuelle Lage stellt sich für mich verkürzt wie folgt dar: Während die Menschen auf unterschiedliche Weise mit den aktuellen Veränderungen umgehen, setzt sich der Umbau der Erde ungemindert fort. Auch wenn der „große Wurf" noch aussteht, gravierende Veränderungen sind im Gange und wir befinden uns mitten in der größten Transformation seit Menschengedenken.

Dass unsere Ankunft im Goldenen Zeitalter für manche Menschen zu lange auf sich warten lässt, ist anzuerkennen, ändert jedoch nichts daran, dass dieser Zug nicht mehr aufzuhalten ist.

In diese Dynamik leuchtet dieses Buch hinein.
In 28 Gesprächen mit Lichtebenen des Seins – mit den Erzengeln und den Aufgestiegenen Meistern – wird Licht in die Angelegenheiten, die uns heute beschäftigen, gebracht.

„Im Zeichen des Wandels" ist die aktuelle Bestandsaufnahme dieser Zeit und diese lässt die Menschen, die die Hoffnung auf eine bessere Welt verlieren, neue Zuversicht schöpfen.

Wie bereits in den ersten drei Bänden der Meisterdialoge „DIE GROSSE ZEIT IST GEKOMMEN", „ES WIRD STILL AUF DIESER WELT" und „DIE ERDE WIRD NICHT ZERSTÖRT" *(alle erhältlich im Lichtweltverlag),* so ist auch diesmal der Themenbogen weit gespannt:
Wie können wir Mind-Parasiten erkennen und zerstören – oder wie mit dem Lichtschwert umgehen?
Warum geht von Russland die Veränderung aus und wie gestalten sich planetare Vorgänge? Der Blick hinter den Schleier wird freigegeben.
Unseren Kindern und deren „richtiger" Begleitung sind zwei ausführliche Kapitel gewidmet. Welche Kraft wohnt der Vergebung inne und was macht uns zu Menschen?

Warum haben so viele Menschen Ängste vor Veränderungen und wie wird es auf der Neuen Erde sein?

Am Beispiel der bis heute unvollständig veröffentlichten Kennedy-Akte wird dargestellt, warum die Wahrheit so lange unterdrückt wurde und dass das Ende dieser Täuschungen gekommen ist.

Wussten Sie, dass Zeitlinien repariert werden können? Ich wusste das bislang auch nicht. Hier sind die Auswirkungen davon dargestellt. Es ist auch für mich immer wieder erstaunlich, was alles hinter der sichtbaren Welt stattfindet, um diese Erde im Gleichgewicht zu halten.

Auch das geheime Wissen der Templer bleibt uns nicht länger verborgen. Das aufschlussreiche Gespräch dazu fand auf den Tag genau 710 Jahre nach deren gewaltsamer Auflösung statt.

Schließlich habe ich in meinem Nachwort einige Anregungen dafür – was ein jeder Einzelne von uns jetzt tun kann, um diesen Wandel bestmöglich zu unterstützen – zusammengefasst.

Denn bei allen Vorgängen, die sich auf der Erde und unmittelbar um uns herum ereignen, kommt es am Ende darauf an, was in uns selbst geschieht.

Der Wandel der Erde beginnt in uns selbst und wird sichtbar, sobald wir uns von Gewohnheiten verabschiedet und neue Handlungsweisen verinnerlicht haben. Darauf und auf die Dringlichkeit der eigenen Erkenntnisarbeit ist – wie in allen Schriften, die mir bisher übermittelt wurden – auch in diesem Buch hingewiesen. Oben und unten, innen und außen sind eins – schaffen wir diesen Bewusstseinssprung, dann sind wir über jeden Zweifel erhaben und wir können diese fordernden Tage beglückend erleben.

Dieses Buch ist durchwirkt von der Energie der Aufgestiegenen Meister und Erzengel – und ist getragen vom Grundton der Liebe. Die Nähe dieser hohen Lichtwesen ist in jeder Zeile wahrnehmbar und deren Schwingung in jedem Moment zu spüren.

Unsere spirituelle Familie spricht durch dieses Buch zu uns Menschen, damit wir standhaft bleiben und sehen, dass wir dem Licht am Ende unseres Weges Tag für Tag näher kommen.

Bei allen Herausforderungen, die diese Zeit an jeden Einzelnen von uns stellt, sehe ich abschließend: Wir haben keinen Grund, vom eingeschlagenen Weg des Lichts abzurücken – nur weil sich manche Ereignisse nicht wie erwartet einstellen. Enttäuscht zu werden, heißt, frei von Täuschungen zu werden.

Das zu erkennen, ist Teil von Transformationsprozessen – nicht aber Anlass, um geknickt zu werden, geschweige um es zu bleiben.

Bei genauerer Betrachtung haben wir nämlich allen Grund dazu, neuen Mut zu fassen und unsere eigene Macht anzunehmen.

Die Parole dieser Tage kann daher nur lauten: raus aus der Opferrolle und hinein in die Eigenverantwortung.

Denn *es ereignet sich. Der Umbau der Erde findet jetzt statt und diese Zeit steht unwiderruflich – im Zeichen des Wandels.*

Sehr herzlich

JAHN J KASSL

Wien, am 16. Februar 2018

Das Lichtschwert ist kein Schmuck
oder unnütze Zierde,
sondern das wichtigste Werkzeug
eines Lichtkrieges in dieser Zeit!

BABAJI

MIND-PARASITEN ZERSTÖREN!

GESPRÄCH MIT
BABAJI

DUNKLE RASSE KÄMPFT UMS ÜBERLEBEN
VERFÜGUNG 1
VERFÜGUNG 2
WARUM ZÖGERN MENSCHEN?
NOT MACHT ERFINDERISCH
MENSCHHEIT IM TRANSFORMATIONSSOG
DIE PERFEKTEN „TÄUSCHER"
„LICHTKRIEGER" – „KÄMPFEN" UND „GEWALT"

22. MAI 2017

Warum fürchtet ihr euch, das Lichtschwert anzuwenden und euch von unangemessenen Energien oder Wesenheiten zu befreien? Warum schüttelt ihr Mind-Parasiten nicht ab und warum geht ihr mit jenen Kräften, die euch zerstören wollen, auf unangemessene Weise „nachsichtig" um?

Ich bin BABAJI

Geliebte Menschen,
macht euch bewusst, in welcher Zeit ihr heute lebt. Es ist die Zeit größter Entladungen, die Zeit bedeutender Umbrüche und die Zeit massiver Verwerfungen auf planetarer und gesellschaftlicher Ebene. Es ist die Zeit, in der das Böse aufgelöst oder zerstört, die Finsternis aufgehoben und vom Licht geflutet wird.

DUNKLE RASSE KÄMPFT UMS ÜBERLEBEN

In dieser Zeit ist die Belastung und sind die kosmischen wie planetaren Fliehkräfte, die auf jeden Einzelnen von euch einwirken, enorm. Vor allem müsst ihr zweierlei beachten:
1) Mit der Klärung eures Energiefeldes und dem Fortschreiten eurer Transformation werdet ihr für die Kräfte, die euch als Energiequelle benutzen und missbrauchen wollen, zunehmend attraktiver.

2) Die Wesenheiten, die nur durch euer Licht und euer Energiefeld am Leben bleiben können, sind in der verzweifelten Lage, dass immer mehr Menschen ihre Anwesenheit wahrnehmen und sie zurückweisen.

Das bedeutet: Auf energetischer Ebene ist ein Kampf zwischen lichtvollen und lichtlosen Wesenheiten entbrannt. Ein Kampf der endet, sobald sich eine bestimmte Zahl von Menschen nicht mehr missbrauchen lässt. Das heißt, die Möglichkeiten der finsteren Kräfte, sich von lichtvollen menschlichen Energien zu ernähren, nehmen ab und dünnen aus.

Dies hat zur Folge, dass die Kämpfe äußerst intensiv geführt werden. Es geht um das Überleben der dunklen Rasse auf Erden und dementsprechend sind die Methoden, auf die diese Wesenheiten dabei zurückgreifen.

Was jetzt auf Erden stattfindet, ist eine Schlacht, an deren Ende der Sieg des Lichts und der Triumph der Menschheit über die Finsternis stehen – und für diese Schlacht gilt es gewappnet zu sein.

Für euer praktisches Leben bedeutet dies, dass ihr, so ihr eigene Gedanken denken und eigene Emotionen empfinden wollt, alle Energieräuber – restlos und ohne zu zögern – aus eurem Leben verbannen müsst.

Geht dabei wie folgt vor:

A) Sprecht Verfügungen mit der Ankündigung, besagte Wesenheit im Falle der Nichtbefolgung zu zerstören:

VERFÜGUNG 1

ICH, (nenne hier Deinen Namen),
VERFÜGE KRAFT MEINES GÖTTLICHEN
BEWUSSTSEINS, DASS DIESE WESENHEIT
(sprich sie direkt an, so du sie kennst,
oder formuliere allgemein)
MICH AUF IMMER UND EWIG VERLÄSST.

DAS NICHTBEFOLGEN DIESER VERFÜGUNG
ZIEHT DIE KONSEQUENZ DER ZERSTÖRUNG
DIESER WESENHEIT NACH SICH.
WEICHE VON MIR, WENDE DICH INS LICHT
ODER ERWARTE DEINE ZERSTÖRUNG.

SUREIJA OM ISTHAR OM

Meist handelt es sich um Mind-Parasiten, die euer Wesen verunreinigen, eure Gedanken und Emotionen beeinflussen, um euch auf allen Ebenen zu schwächen oder zu besetzen.

B) Wartet nach dieser Verfügung 3 Stunden ab. Ändert sich nichts, habt ihr immer noch das Gefühl, ihr seid weder befreit noch von der Wesenheit verlassen worden, dann verfügt deren Zerstörung mittels des euch anvertrauten Lichtschwertes.

VERFÜGUNG 2

ICH, (nenne hier Deinen Namen),
VERFÜGE KRAFT MEINES GÖTTLICHEN
BEWUSSTSEINS UND MEINES MIR VON GOTT
VERLIEHENEN LICHTSCHWERTES
DIE ZERSTÖRUNG DER DUNKLEN ENTITÄT,
DIE SICH IN MEINEM WESEN AUFHÄLT.

ES GESCHIEHT JETZT UND ES GESCHIEHT ZU
MEINER HEILUNG UND ZUM WOHLE ALLER
MENSCHEN.

SUREIJA OM ISTHAR OM

JJK: Kann man die zweite Verfügung sofort, also ohne die 3 Stunden abzuwarten, sprechen?

BABAJI: So es eine Wesenheit ist, die eure bisherige Aufforderung, euch zu verlassen, ignoriert hat, ja.

So ihr derart intensiv bedrängt werdet, dass ihr keine 3 Stunden mehr abwarten könnt, ja.

WARUM ZÖGERN MENSCHEN?

JJK: Ich frage mich oft, warum die meisten Menschen mit dem Umbringen von Stechmücken oder Ungeziefer jeder Art keinerlei Probleme haben, beim Zerstören mächtiger Fremdenergien aber derart zögern. Ich sehe es bei meinen Kindern, wenn sie Läuse oder sonst ein Ungeziefer aus der Schule mitbringen, dann gehen wir mit allen erdenklichen Methoden vor, um diese zu entfernen. Uns ist jedes Mittel recht. Auf das Lichtschwert, um feinstoffliche Parasiten zu entfernen, greifen jedoch aus meiner Sicht zu wenige Menschen zu. Warum?

NOT MACHT „ERFINDERISCH"

BABAJI: Da diese „Parasiten" unsichtbar sind und da die meisten Menschen in ihrer eigenen Wahrnehmung zu wenig klar sind und sich selbst nicht ausreichend vertrauen. Dies ändert sich jetzt radikal, da die Übergriffe ein Ausmaß erreichen, auf das die Menschen, wollen sie dies überstehen, reagieren und antworten müssen.

Die Not macht gewissermaßen „erfinderisch" und zerstreut die vielen Vorbehalte und Blockaden, die mit dem Thema von „Zerstörung" verknüpft sind.

Der Leidensdruck nimmt bei allen, die bis heute als „Wirt" für finstere Entitäten zur Verfügung standen, zu. Das macht den großen Unterschied, das wirkt sich aus und bringt die Wende.

JJK: Ich danke Dir! Es ist für mich jetzt klar und ich denke für viele Menschen – die vor dieser Situation stehen – auch erkennbar, warum ein Zögern, so es darum geht sich zu befreien, falsch ist.

BABAJI: Es gibt zwei Arten, wie Erkenntnis erlangt werden kann:
- durch konsequente Transformations- und Bewusstseinsarbeit oder
- durch leidvolle Erfahrungen. Dies gilt für Menschen, die ihre Transformationsarbeit aufschieben und vermeiden.

MENSCHHEIT IM TRANSFORMATIONSSOG

Heute muss ein jeder Mensch einen dieser Wege beschreiten, da die energetischen Bedingungen auf dieser Erde dies bedingen.

Die ganze Menschheit befindet sich in einem Transformationssog – ein Vorgang, der durch nichts und von niemandem aufzuhalten ist, der sich fortsetzt und steigert.

Die Zurückhaltung, die manche Menschen beim Entfernen von bösartigen Entitäten haben, resultiert oft auch aus falsch verstandener Liebe. Falsche Glaubenssätze in Bezug auf „Liebe" verursachen diese Blockaden.

Falsche Rücksichtnahme, die falsche Wahrnehmung einer Situation oder Mitleid statt Mitgefühl sorgen für Verwirrung und halten ungünstige Zustände am Leben.

DIE PERFEKTEN „TÄUSCHER"

Merket euch bitte dies: Diese Wesenheiten sind die perfekten Täuscher und sie verstehen es, euch genau dort zu verunsichern, wo ihr noch nicht gefestigt seid. Sie bedienen virtuos die Muster, Glaubenssätze und Blockaden des Menschen. Wer seine Irrtümer nicht erkannt hat, ist und bleibt ein Opfer dieser Machenschaften.

Deshalb wird in vielen Botschaften auf das Erlösen von eigenen Themen hingewiesen, denn damit steht oder fällt der Mensch.

Ihr müsst euch bewusst machen, mit wem ihr es heute zu tun habt! Die Wenigsten von diesen Wesenheiten wollen in das Licht zurückkehren oder von euch dahin geschickt werden. Sie führen nur eines im Schilde, euch und diese Erde auch weiterhin auszupressen und als Energiequelle zu missbrauchen. Dafür ist ihnen jede List recht und keine Lüge zu schade.

Es sind die perfekten „Täuscher", die vor ihrer Entzauberung stehen und die sich mit aller Kraft dagegen auflehnen.

„LICHTKRIEGER" – „KÄMPFEN" UND „GEWALT"

Somit wird auch klar, warum so viele Menschen vor dem Wort „Lichtkrieger" zurückweichen: „Krieg" bedeutet, ein Schlachtfeld zu betreten und einen Kampf zu führen. Das Kämpfen, so suggerieren es viele philosophische und spirituelle Schulen, ist heute am Übergang in das Goldene Zeitalter überholt oder eines Lichtwesens unwürdig. Das ist falsch!

Richtig zu „kämpfen", heißt, für sich selbst einzustehen, heißt, auf seine geistige, seelische und körperliche Unversehrtheit zu achten. „Kämpfen" heißt, niemandem Übergriffe – gleich welcher Art – zu gestatten und niemandem, der euch auf die eine Wange schlug, auch noch die zweite anzubieten – und „kämpfen" heißt, vor allem falsche Glaubenssätze zu erlösen! Das ist jetzt von größter Dringlichkeit, damit ihr in eure Kraft kommt und euch voller Stolz als „Lichtkrieger" bezeichnet und auch als solche auftretet.

Macht euch bewusst: *Nicht jede Situation lässt sich in Einigkeit und Übereinstimmung lösen. Schon gar nicht könnt ihr bei böswilligen Kräften, die sich jeder Umkehr verschließen, auf Verständnis zählen.*

Entfernt in diesem Bezug auch alle Vorbehalte, die das Wort „Gewalt" in euch auslöst. Die Zerstörung von dunklen Entitäten ist ein „Gewaltakt"! Macht euch dies bewusst, verniedlicht nichts, belügt euch nicht selbst. Nennt die Dinge beim Namen. Seid ihr dazu imstande, dann seid ihr innerlich frei und dann wird es euch ein Leichtes sein, dieser Matrix wie ein Phönix zu entsteigen. Wie ist ein Gordischer Knoten zu lösen? Das Lichtschwert wurde euch dafür verliehen.

Das Lichtschwert ist kein Schmuck oder unnütze Zierde, sondern das wichtigste Werkzeug eines Lichtkrieges in dieser Zeit!

Seid euch bewusst, dass ihr es anwenden sollt, dürft und müsst – und macht euch alle Themen, die euch davon abhalten, bewusst.

Es ist Deine Transformation und nicht die Bekehrung uneinsichtiger Archonten, die hier besprochen ist. Gib dich dieser mit ganzer Kraft hin und befreie dich aus dem Gefängnis fremder Gedanken und Emotionen.

Erleuchte dein Bewusstsein.
Ich bin bei dir. Ich liebe dich unendlich.

BABAJI

Mitleid und Schuldgefühle sind
jetzt die schlechtesten Berater,
Mitgefühl und Selbstachtung
sind es, worauf es jetzt ankommt –
und auf einen klaren Blick
auf das Ganze.

MEISTER ST. GERMAIN

LICHTSCHWERT UND VERFÜGUNGEN

GESPRÄCH MIT
MEISTER ST. GERMAIN

ZERSTÖREN VON FREMDENERGIEN
NEGATIVE ELEMENTALE
TAUFE, EINWEIHUNGEN UND VERSPRECHEN
ERGREIFT DAS LICHTSCHWERT!
AUSWIRKUNG VON VERFÜGUNGEN
IHR HABT ES IN DER HAND!

28. MAI 2017

ZERSTÖREN VON FREMDENERGIEN

JJK: Zum Thema Fremdenergien und deren Zerstörung: Können und dürfen wir jede Energie mittels Verfügung zerstören? Oder gibt es Grenzen und wenn ja, wo liegen die?

ST. GERMAIN: Ich bin bei dir, ich bin bei euch, geliebte Menschen aus der Quelle allen Lebens, der wir alle entspringen!

In dieser Begrüßung liegt die Antwort auf deine Frage: Jedes Leben, das direkt aus der Quelle allen Seins entstanden ist und ihr entspringt, jedes Leben, welches mit Geist und Seele versehen und auf unterschiedlichen feststofflichen wie feinstofflichen Ebenen wirkt, ist ein unauslöschlicher Teil dieser Einheit und kann von nichts und durch niemanden zerstört werden.

Allein der QUELLE ALLEN LEBENS ist es vorbehalten, diese Teile SEINER Selbst, so sich alles erfüllt hat, in den Ursprung „zurück-zu-atmen".

JJK: Das heißt, manche Energien und Kräfte sind unmöglich zu zerstören. Wie können wir dabei den Durchblick behalten und wissen, was möglich und was unmöglich ist? Wie wissen, womit wir es zu tun haben?

NEGATIVE ELEMENTALE

ST. GERMAIN: Negative Elementale[1], die aufgrund destruktiver Gedankenformen oder unerlöster Emotionen vom Menschen selbst erschaffen wurden und einen negativen Einfluss auf die Umwelt ausüben, können, dürfen und sollen von jedem Lichtkrieger mittels Verfügungen oder durch das Lichtschwert zerstört werden. Bei diesen Energieformen handelt es sich um „verselbstständigte" seelenlose Energien und eine Transformation in das Licht, das heißt, auf eine höhere Ebene, ist – wenngleich nicht ausgeschlossen – so sehr selten. Das heißt, mittels Verfügungen und durch euer Lichtschwert könnt ihr diesen Energieformen ein Ende bereiten, denn es ist eine Tatsache, dass sich solche Strukturen sehr nachteilig in euer Leben einmischen.

Um in dieser Frage Klarheit und den Durchblick zu erhalten, fordere ich euch auf, mit diesem Thema und den Situationen, die es anzieht, zu „experimentieren." Verfügt die Zerstörung einer bestimmten Energie oder Wesenheit, so sich dies für euch richtig anfühlt. Ändert sich, trotz wiederholter Anstrengungen, nichts an der Situation, dann wisst ihr, dass ihr es mit einer Wesenheit aus Gottes Einheit zu tun habt und dass ihr anders vorgehen müsst, um sich dieser zu entledigen.

JJK: Was sind dann die wirkungsvollsten Mittel?

ST. GERMAIN: Die direkte Anrufung von ERZENGEL MICHAEL, MEISTER ST. GERMAIN oder der URQUELLE ALLEN LEBENS, GOTT selbst! Bittet darum, dass diese Wesenheit aus eurem Umfeld entfernt oder in das Licht begleitet wird. Zugleich ist dies die erste und beste Methode, auf die Menschen, die mit diesen Angelegenheiten noch wenig vertraut sind, sofort zugreifen können. Menschen, die auf diesem Gebiet erfahren sind, wissen, wann sie es womit zu tun haben, und sie verstehen es, die geeigneten Mittel zu ergreifen.

JJK: Das heißt, wenn ich richtig verstehe, alles Leben – jede Wesenheit, die mit einer Seele ausgestattet ist – kann nur von Gott selbst „zerstört" werden.

ST. GERMAIN: Alles Leben gehorcht dem EINEN, der EINEN Quelle allen Seins. Jedoch nicht alles Leben ist unmittelbar aus Gott hervorgegangen. Kreationen, die aufgrund ausgesprochener oder ausgedachter, unerlöster, menschlicher Verhaltensweisen entstehen, sind zwar Teil der Einheit, aber gehen nicht direkt aus der Einheit hervor, das ist der Unterschied. Im Gegensatz zu „negativen Elementalen" senden „positive Elementale" eine völlig andere Energie aus und werden von der Seelenkraft des oder der Menschen getragen. Elemental ist also nicht gleich Elemental und ein Elemental-Bild kann eine äußerst positive Wirkung entfalten[2].

JJK: Wenn ich eine Zerstörung verfüge, diese jedoch, da es sich um ein beseeltes Wesen handelt, wirkungslos bleibt, kann ich dabei Schaden anrichten?

ST. GERMAIN: Nein. Die Formel bleibt wirkungslos, da die Wesenheit oder die Energieform falsch angesprochen wird!

JJK: Heißt das, dass sämtliche Einweihungen, wie zum Beispiel die Taufe in der katholischen Kirche, wirkungslos sind, wenn sie unwissende Priester sprechen?

TAUFE, EINWEIHUNGEN UND VERSPRECHEN

ST. GERMAIN: Nein. Das ist eine andere Ebene. Denn diese Priester sprechen nicht nur eine Formel, sondern begleiten diese mit Hand- und Malzeichen, die auf dieser Ebene gültig sind. Dadurch greifen sie direkt in die Aura und in das energetische Wesen dieses Menschen ein und sie verschließen beim Menschen, ob bewusst oder unwissend, die Zugänge zum Göttlichen.

Die katholische Taufe und alle Gelöbnisse, Versprechen oder Einweihungen, die sich durch die Weltreligionen ziehen und von den dunklen Magiern für diese Matrix ersonnen wurden, verlieren erst dann die Kraft, so der einzelne Mensch „erwacht". Sobald der Mensch ein tiefes Verständnis über diese Dinge erlangt, sich ganz bewusst davon distanziert und vorhandene Einweihungen gelöst hat, löst sich alles. Das menschliche Bewusstsein ist der Schlüssel in die Selbstbestimmung.

JJK: Warum haben so viele Lichtkrieger Angst davor, unzuträgliche Energien oder destruktive Wesenheiten in ihrem Umfeld zu zerstören? Warum weichen so viele spirituelle Sucher vor dem Begriff „Lichtkrieger" erschrocken zurück?

ST. GERMAIN: Wer in Unkenntnis der Dinge und in Unkenntnis über sich selbst ist, bei dem zieht sich diese Unkenntnis wie ein roter Faden durch alle Bereiche seines Lebens. Wer vor „Zerstörung" zurückweicht, der missachtet diesen Aspekt Gottes. Gott „zerstört", Gott „erbaut", Gott „atmet Leben aus", Gott „atmet Leben ein". „Krieg" heißt Auseinandersetzung, heißt, eine Herausforderung anzunehmen, heißt, sich einem Kampf, so er unausweichlich scheint, zu stellen.

ERGREIFT DAS LICHTSCHWERT!

Deshalb wird mit diesem Begriff in lichtvollen Botschaften ganz bewusst operiert. Mit dem Wort „Krieg" ist auch das „Lichtschwert" verbunden: Ersteres wagen Lichtarbeiter

nicht auszusprechen und Zweiteres nicht anzuwenden.
Dies ändert sich jedoch in diesen Tagen radikal!
Da die Angriffe und Irritationen ein Ausmaß erreichen
und einen Leidensdruck bei den einzelnen Menschen
erzeugen, der unerträglich wird. Deshalb sind immer
mehr Menschen bereit, diese energetischen Umstände
zu beseitigen und sie sind nicht länger gewillt, sich von
Entitäten – welcher Herkunft und Art auch immer –
missbrauchen, auszehren und verletzen zu lassen.
Hier ist ein großes Umdenken und „Um-fühlen" im Gange.
Die Zeitqualität bedingt dies und so wird das Lichtschwert
von immer mehr Menschen immer häufiger ergriffen.

JJK: Wenn wir zum Beispiel den „Völkerwanderungs-
stopp" [3] nach Europa verfügen, dann stellt sich mir die
Frage: Inwiefern und worauf wirkt sich diese Verfügung
konkret aus?

AUSWIRKUNG VON VERFÜGUNGEN

ST. GERMAIN: Diese Verfügung, wird sie von einer
gewissen Anzahl von Menschen gesprochen, hat die
Auswirkung, dass sich bestimmte Ereignisse auf einer
anderen Ebene zutragen und entladen – und „entladen"
heißt, dass sie sich dort manifestieren und dass auf
dieser Welt bestimmte Ereignisse ausbleiben.
Hier ist von der Gleichzeitigkeit aller Ereignisse und

dem holografischen Weltbild die Rede. Energie geht nicht verloren, sie kann sich jedoch dort, wo keine Basis dafür gegeben ist, nicht manifestieren. Das heißt ganz praktisch: Je deutlicher ihr euren Willen formuliert, indem ihr klar zurückweist, was für euch unerwünscht ist, umso deutlicher werden bestimmte Entwicklungen auf dieser Erde im Sand verlaufen.

J.K: Wie lange dauert so ein Prozess, bis sich erste sichtbare Ergebnisse einstellen?

Dies hängt davon ab, wie viele Menschen mit einer bestimmten Absicht erfüllt sind und wie stark dieses Verlangen ist. Deshalb wird euch oft angeraten, Verfügungen so lange zu wiederholen, bis sichtbare Resultate vorliegen. Was das konkrete Beispiel der Völkerwanderungen und des Bevölkerungsaustausches für Europa betrifft, so ist zu beobachten, dass dieser Plan nur mit großen Schwierigkeiten umgesetzt werden kann. Der Widerstand von vielen wird immer größer, auch wenn es scheint, dass die Wenigen das Heft immer noch in der Hand halten.

In diesem Zusammenhang wird ersichtlich, wie wichtig es ist, seine eigenen Themen, die mit Schuldgefühlen, Mitleid und einem falschen Verständnis vom „Helfen-sollen", „Helfen-müssen" oder „Helfen-wollen" zusammenhängen, zu erlösen.

Mitleid und Schuldgefühle sind jetzt die schlechtesten Berater, Mitgefühl und Selbstachtung sind es, worauf es jetzt ankommt – und auf einen klaren Blick auf das Ganze.

IHR HABT ES IN DER HAND!

Das heißt, ihr habt es in der Tat in der Hand! Jeder einzelne Mensch hat es in der Hand, wie Europa aussehen soll und welches Europa euren Nachkommen auf dieser Ebene des Seins hinterlassen wird. Verfügungen sind dafür ein äußerst wirkungsvolles Mittel. Politiker, Verantwortliche und einzelne Zirkel – die Europa in unvorstellbarem Ausmaß, zum Nachteil vieler und zum Vorteil weniger, verwandeln wollen – werden sich eurem Willen beugen und diese Erde verlassen müssen.

JJK: Energetisches Zurückweisen anstatt einer Revolution auf der Straße?

ST. GERMAIN: Es ist eine Auseinandersetzung mit anderen Mitteln. Lichtkrieger haben zunächst auf feinstofflicher Ebene für Klarheit zu sorgen. Dies bewirkt, dass die Kämpfe, die auf der für die Augen sichtbaren Ebene noch ausgefochten werden müssen, einen weitaus milderen Verlauf nehmen. Wieder gilt die Regel: Gehe von innen nach außen!

Diese Erde wird von Grund auf umgebaut und die Menschheit wird vollständig transformiert. Jede Kraft, die diesem Vorgang entgegenwirkt, verliert mit jedem weiteren Tag an Einfluss und wird ihre Existenz auf einer anderen Welt fortführen.

Mit jeder lichtvollen Entscheidung oder klaren Absicht eines Menschen werden neue Umstände angezogen und es werden neue Welten kreiert.

Der Ausgang dieses Wandels ist gewiss, wie wir jedoch an das Ziel gelangen, das obliegt den Entscheidungen vieler.

Die Ausdehnung der Schöpfung und die Anzahl der Schöpfungen, Universen und Galaxien sind unvorstellbar und unbegrenzt! Mit jeder Wahl und Entscheidung erschafft ein Mensch einen neuen Planeten.

Stellt euch die Auswirkungen eurer Gedanken und Absichten in diesem Kontext vor – und ihr könnt erahnen, wie mächtig ihr seid und wie sich alles, was ihr denkt, fühlt und tut, auf das Ganze auswirkt.

Deshalb ist es von immenser Bedeutung, dass ihr euren Willen kundmacht und auf energetischer Ebene diese Auseinandersetzung mit den Kräften der Finsternis führt, bis ihr als siegreich daraus hervorgegangen seid.

Ja, „Revolutionen" haben heute ein anderes Gesicht und finden, ehe sie sich auf dieser Welt zeigen, woanders statt. Die Menschen befreien sich aus der Gefangenschaft und sie bedienen sich der „Waffen", die ihnen direkt von Gott überreicht wurden: des Lichtschwerts und der Verfügungen.

Mit dieser Botschaft segne ich jeden Menschen.

Diese Erde wird von uns verwandelt und im Lichte Gottes erlöst der Mensch sich selbst.

Ich bin allgegenwärtig.

Ich bin MEISTER ST. GERMAIN

Klare Botschaften, Regeln,
die die Kinder verstehen und
nachvollziehen können,
sind der Boden, auf dem die
Eltern-Kind-Beziehung
gedeihen kann.

SAI BABA

VON DER KINDER-"ERZIEHUNG"

GESPRÄCH MIT
SAI BABA

WIE KINDER BEGEISTERN?
WARUM KINDER NICHT "GEHORCHEN"
WERTSCHÄTZUNG, KLARE WORTE UND LIEBE

05. APRIL 2017

Lob, Wertschätzung, Begeisterung sind die Ingredienzien einer erfolgreichen Begleitung der Kinder. Einen anderen Weg, um die euch anvertrauten Kinder auf das Leben vorzubereiten, gibt es nicht.

Ich bin SAI BABA

Lob, Wertschätzung und Begeisterung erschaffen im Kinde die Motivation, sich Fähigkeiten und Wissen anzueignen. Der Erwerb von Wissen und Geschick geht immer mit einer großen Portion Begeisterung und Freude einher. Alle anderen Wege sind charakteristisch für das dunkle Zeitalter, dem Kali Yuga[4]. Für das Goldene Zeitalter jedoch sind sie nicht mehr von Bedeutung.

WIE KINDER BEGEISTERN?

Ganz im Gegenteil, heute stehen viele Eltern von der Situation, dass sie ihre Kinder mittels negativer und Druck machender Botschaften nicht mehr motivieren können. Wut, Strafe und der Entzug von Liebe waren, auch wenn viele Menschen daran geglaubt haben, niemals geeignete Methoden der „Erziehung."

Heute büßen diese Methoden endgültig ihren Stellenwert ein und die Menschen erwachen in ein neues Bewusstsein.

JJK: Was aber, wenn Kinder durch Lob, Wertschätzung und Begeisterung nicht zu begeistern sind?

SAI BABA: Diese drei Attribute sollen allen Handlungen von Eltern zugrunde liegen. Das heißt nicht, dass ihr auf klare Führung, unmissverständliche Worte verzichten sollt. Wendet in diesem Fall eine „liebevolle Strenge" an und die Kinder werden es euch, wenngleich nicht immer sofort, danken.

Als Grundregel gilt: Alles, was das Selbstvertrauen, das Vertrauen eines Kindes in die eigenen Fähigkeiten schwächt, ist zu vermeiden.

Fällt einem Kind aus Unachtsamkeit ein Glas, das für euch wertvoll war, zu Boden, dann sagt nicht, wie ungeschickt es doch sei, oder: *„Warum kannst du nicht besser aufpassen!"*, sondern sagt: *„Wie schade, dass das Glas kaputt ist."*

Ist ein Kind nicht imstande, eine Rechnung richtig durchzuführen oder ein Wort richtig zu schreiben, dann sagt nicht: *„Wie oft habe ich dir das schon gezeigt?"* oder *„Konzentriere dich endlich besser!"* oder *„Wann begreifst du das endlich?"*, sondern sagt: *„Toll, wie du das machst"* oder *„Toll, dass du es immer wieder versuchst und nicht aufgibst!"* oder sagt: *„Du kommst dem Ergebnis immer näher!"*

Auf solche Weise schätzt ihr die Kinder und deren Selbstwert bleibt unangetastet. Kritisiert nicht, sondern leitet sie liebevoll an – und liebevoll anzuleiten, heißt, die Kinder zu fordern und dadurch zu fördern, Grenzen abzustecken und Konsequenzen zu definieren, so Abmachungen verletzt werden.

Klare Botschaften, Regeln, die die Kinder verstehen und nachvollziehen können, sind der Boden, auf dem die Eltern-Kind-Beziehung gedeihen kann.

Kritisiert nicht eure Kinder, sondern notfalls deren Handlungen oder ihr Benehmen. Verbergt nicht euren Standpunkt, aber verletzt durch verbale oder energetische Unter- und Übergriffe niemals deren Würde.

WARUM KINDER NICHT „GEHORCHEN"

Heute stehen viele Eltern vor der Situation, dass ihnen ihre Kinder nicht mehr „gehorchen".

Warum sollten sie es? Fragt euch, was macht ihr, dass bei den Kindern nichts fruchtet? Ihr werdet schnell herausfinden, dass es die alten Gewohnheiten einer überholten Kommunikation sind. Vielleicht bewertet ihr eure Kinder immer noch nach dem, was sie leisten, anstatt nach dem, was sie sind und sein wollen.

JJK: Wie aber mit Kindern umgehen, die sich zum Beispiel kein schulisches Wissen aneignen möchten? Was tun, wenn man es mit allen Mitteln versucht hat und dennoch kein Wandel zum Positiven geschieht? Viele Eltern stehen vor genau dieser Situation.

SAI BABA: *Macht eure Kinder auf dieses Versäumnis aufmerksam. Spiegelt ihnen ihr Verhalten und ihre geringe Wertschätzung sich selbst gegenüber. Denn wer nicht zu lernen bereit ist, der ist nicht bereit zu leben.* Darum geht es.

Warum also wollen so viele Kinder nicht leben, lebendig sein? *Da sie ihren Platz in dieser Welt noch nicht gefunden haben.* Wie damit umgehen? *Indem ihr ihnen behilflich seid und durch klare Worte und Signale vermittelt, dass der Platz im Leben durch Anstrengungen erworben wird und einem nicht in den Schoß fällt. Vermittelt euren Kindern die Bedeutung von Anstrengungen und den Erfolg, der sich daraus ergibt.*

Schließlich ist es für alle Eltern von großem Wert zu verstehen, dass ihre eigenen Kinder ihren eigenen Weg suchen, gehen und auch finden.

Ab einem bestimmten Moment gilt es loszulassen. Sehr oft ändert sich erst an diesem Punkt alles – und das Kind kann reifen.

Grundsätzlich sind Kinder ein Kraftwerk an Ideen, Elan und Energie. Sie lieben es, Neues zu probieren, Herausforderungen zu bewältigen und das Wissen, worüber Eltern verfügen, zu erwerben. Wer in diesen natürlichen Fluss eingreift, indem er seine eigenen Vorstellungen vom Lernen und Leben den Kindern oktroyiert, hat selbst ein Problem und macht den Kindern Probleme.

WERTSCHÄTZUNG, KLARE WORTE UND LIEBE

Bitte definiert eure Position als Mutter oder Vater, als Onkel oder Tante, als Oma oder Opa auf diese Weise, dass ihr den Kindern mit großer Wertschätzung begegnet und für euch selbst von den Kindern Wertschätzung einfordert. Auf der Basis von Liebe ist alles möglich und auch klare Worte sind dann eine Wohltat.

Beachtet immer, dass es bei allen Dingen, die auf Dauer Erfolg haben sollen, auf die Freude ankommt. Alles, was ein Mensch aus Freude tut, kann sich im Herzen und im Verstand bleibend verankern. Unauslöschlich ist, was ein Mensch in Freude erlebt und durch Freude erfahren hat.

„Er-zieht" die Kinder nicht länger, indem ihr sie in eine bestimmte Richtung „zieht", sondern helft ihnen, sich selbst zu bewegen.

Steht ihnen als weise und liebevolle Begleiter zur Verfügung.

Auch wenn eure Kinder keine eurer Vorstellungen bedienen, so werden sie in einem liebevollen Umfeld ihren eigenen Weg zuverlässig finden; und eines noch:

Habt Geduld mit euren Kindern! Ehe sie sich in dieser Welt orientieren können, vergeht viel Zeit – Zeit, die ihr ihnen, auch wenn es euch viel erscheint, geben sollt.

„Wie oft soll ich dir das noch sagen?", Sätze wie diese gehören aus der Sprache entfernt.

Das goldene Zeitalter ist eine goldene Zeit für Kinder. Diese Zeit hat für Familien, die sich dessen bewusst sind, längst begonnen.

Ich bin SAI BABA

Die Menschheit wird diese Erde verlassen und auf einer Neuen Erde wiedergeboren werden.

MEISTER ST. GERMAIN

AUF DER NEUEN ERDE

GESPRÄCH MIT
MEISTER ST. GERMAIN

06. MAI 2017

TRAUM: *Nach einem Besuch bei einem Freund verlasse ich dessen Haus. Als ich vor die Tür trete, kommt mir die Umgebung verändert vor, wenngleich bekannt und vertraut. Ich mache mich auf den Heimweg und je länger ich gehe, desto mehr Veränderungen nehme ich wahr.*

Vor allem die Häuser sind alle in Holzbauweise und es umgibt mich eine angenehme Stille und ein etwas unwirklich anmutender Frieden. Dann vermeine ich das Haus eines Bekannten zu erkennen und ich betrete es. Dort jedoch wohnen ganz andere mir fremde Menschen und als sie mich erblicken, halten sie mich zunächst für einen Dieb. Ich bin völlig durcheinander und erkläre, dass ich am Weg nach Hause bin, aber die Welt scheint nicht mehr die zu sein, die sie war, als ich von Zuhause zu meinem Freund aufbrach. Alles ist anders, mir fremde Menschen, die Umgebung und die Häuser haben sich verändert und selbst die Luft fühlt sich anders an.

Dann erkennt mich eine Frau, die auch zu den Lichtlesungen kommt. Sie zeigt mir ein Plakat, auf dem die Lichtlesungen groß angekündigt sind. Es ist ein sehr liebevoll hergestelltes Poster mit dem Konterfei einer anderen Frau darauf, die ich auch kenne und die auch zu den Lichtlesungen kommt. Die Frau sagt mir, dass die letzte Lichtlesung im August stattfand, ich widerspreche und sage: „Nein, diese war gestern, am 28. April 2017."

Ich registriere, dass diese Menschen in einer ganz anderen Zeit leben. So frage ich nach dem Datum und Jahr. Ein sehr freundlicher Mann stellt sich zu mir, scheinbar der Hausherr, und er zeigt mir seine Armbanduhr. Die Stunden werden mit Ziffern angezeigt und im Datumfenster an der dritten Position steht die Zahl 710. Ich frage, was dies bedeute. Daraufhin erklärt mir der Mann, dass wir das Jahr 710 haben. Ich sage, warum das Jahr und nicht der Tag in diesem Datumsfenster angezeigt wird, daraufhin er: „Da ein Jahr bei uns nur 10 Monate dauert." Daraufhin frage ich ihn, warum hier alles so prächtig blüht, daraufhin wird mir gesagt, dass Früchte und Gemüse alle 4–6 Wochen geerntet werden können. Es ist das ganze Jahr über Erntezeit und niemandem mangelt es an irgendetwas.

Danach verlasse ich diese Familie in dem Wissen, dass ich in der Tat auf einer anderen Erde gelandet bin. Wie, das ist mir völlig unklar, jedoch, ich bin in einem anderen Zeitfenster auf eine andere Zeitlinie verschoben worden – und auf dieser Erde herrschte Frieden, Freude und Einheit – und: Auch Lichtlesungen gibt es dort.

Danach suche ich einen Weg von dieser Erde auf meine mir bekannte Erde zurück. Dann wache ich in meinem Zimmer auf meiner Erde auf. Ich blicke auf den digitalen Wecker, der neben dem Bett steht. Die Uhr zeigt 11:11.
(TRAUM ENDE)

Geliebte Menschen,

sehen, was ist, und sich öffnen für die Wirklichkeit allen Seins. Dies beinhaltet dieses Traumbild und es zeigt, dass neben dieser Erde unterschiedliche Erden und Ebenen, auf denen Menschen leben und zu Werke gehen, existieren. Unendlich ist die Schöpfung und unendlich ist die Anzahl von Planeten, Galaxien und Universen, die voller Leben sind.

- Dieser Traum weist auf das multidimensionale Wesen des Menschen hin und zeigt ein weiteres Hologramm dieser Erde. Es ist eine bereits aufgestiegene Erde und es ist zugleich, und das macht dieses Traumbild so bedeutsam, die Erde, auf der ihr nach dem Aufstieg ankommen werdet.

- Es ist die nächsthöhere Ebene des menschlichen Seins, auf der Frieden herrscht und auf der sich die Menschen unterstützen – ein Erdenboden, der das ganze Jahr über zur Ernte einlädt und auf dem die Fülle herrscht. Natur und Mensch leben in Harmonie. Es ist der Weg, der von manchen Menschen bereits angetreten wurde, und es ist eine Erde, die von euch bereits erschaffen ist.

- Auf der Neuen Erde vergeht die Zeit wie im Flug. Die Jahreszahl 710 symbolisiert die 8, was bedeutet, Aufbruch in das neue Zeitalter und in die

Unendlichkeit – symbolisiert durch die 0, die auch die Einheit Gottes darstellt.

- Auffallend in diesem Traum ist, dass sich die Erde – abgesehen von den Holzhäusern, der reichen Ernte, dem Frieden, dem milden Klima, der reinen Luft – kaum verändert hat. Jahn weiß, dass er auf einer anderen Erde ist, jedoch sie scheint seiner gewohnten Erde ziemlich zu gleichen und er ist sich lange unsicher, was vor sich geht.

- Das heißt, die Transformation dieser Erde geht Schritt für Schritt vor sich; und ihr werdet, nachdem die letzten großen Auseinandersetzungen auf dieser Erde ausgetragen sind, eine Erde wie diese vorfinden und dort ein neues Leben beginnen. Diese Erde existiert bereits und viele Menschen, die diese Welt durch das Ablegen des physischen Körpers verlassen haben, haben sich dort angesiedelt – und viele von euch werden dort erwartet. Es ist die Zeit der großen Wunder und in diesem Traum ist das Wunder einer Neuen Erde beschrieben – einer Erde und Menschheit, die sich von dieser grundlegend unterscheidet.

- 11:11 bedeutet die erste Stufe der Meisterschaft und die erste Stufe einer Menschheit, die die Erleuchtung anstrebt und von allem Dunklen und von jeder Bösartigkeit geheilt ist.

JJK: Und Lichtlesungen?

ST. GERMAIN: Diese finden auch auf diesen Ebenen statt, damit die Menschen vom spirituellen Licht versorgt werden und weitere Erkenntnisse kreieren können. Bei den Lichtlesungen geht es immer darum, die höchste den Menschen zugängliche Schwingung freizusetzen und für die Menschen erfahrbar zu machen. Dies findet auf vielen Erden statt und ist in vielen Universen gang und gäbe. Das heißt, jeder Mensch ist multidimensional. Folgerichtig verrichtet der Lichtweltverlag seine Arbeit auf vielen Erden gleichzeitig.

JJK: Warum werden mir in den letzten Wochen so viele Träume dieser Art eingespielt?

ST. GERMAIN: Ein großer Bewusstseinssprung der Menschheit steht bevor und die Erinnerung an eure spirituelle Heimat wird aktiviert. Deshalb werden dir, der du vielen Menschen davon Zeugnis ablegen kannst, und Menschen, die mit diesbezüglichen Aufträgen ausgestattet sind, diese Bilder gegeben. Es dient der Menschheit und dir als Einstimmung auf das, was auf euch wartet, nachdem die letzten Verwerfungen auf dieser Welt abklingen: ein Leben in Fülle, Freude und Einheit, Frieden und Harmonie. Ein neues Buch wird aufgeblättert, die Menschheit findet zurück ins Licht und erschafft sich eine neue Wirklichkeit.

JJK: Wie lange dauert das noch?

ST. GERMAIN: Es wird euch enthüllt, es steht bevor.

Geliebte Menschen,

lebt ein bewusstes Leben. Das heißt, lebt achtsam, seid mitfühlend, bleibt wach! Richtet eure inneren Antennen nach dem Licht Gottes aus und ihr werdet vor der Stunde 0 und vor dem Tag X das Richtige tun und die richtigen Maßnahmen ergreifen.

Vertraut eurer inneren göttlichen Führung und wendet euch von allen Prophezeiungen und Annahmen, die den Wandel und den Umbruch betreffen, ab. Durch die direkte göttliche Führung bleibt ihr orientiert und ein jeder Mensch kann heute diese Führung Gottes erhalten.

Bedingung ist, dass du dich ganz auf Gott einlässt. Dann hast du alles und es enthüllt sich dir alles – und weniger ist für dich heute nicht mehr genug, da die Orientierungen, die die äußere Welt bietet, nicht mehr zuverlässig sind.

Die Menschheit wird diese Erde verlassen und auf einer Neuen Erde wiedergeboren werden.

Dieses Traumbild gibt ein realistisches Bild davon. Freut euch, der Tag – an dem ihr vor die Haustüre tretet und die Erde nicht wiedererkennt – ist nahe.

Ich bin alle Zeit bei euch.

Ich bin MEISTER ST. GERMAIN

Bedingungslose Liebe ist das Resultat von bedingungsloser Erkenntnisarbeit - und diese Arbeit beginnt bei dir selbst.

ERZENGEL SANDALPHON

PLANETARE VORGÄNGE UND DIE SELBSTSUCHT

GESPRÄCH MIT
ERZENGEL SANDALPHON

MATRIX
HERRSCHER DER MATRIX
VERTRAGSBRUCH
ENDE DES KALI YUGA UND DIE FOLGEN
SELBSTSUCHT HEILT!
SELBSTSUCHT FÜHRT ZUR SELBSTLIEBE

30. MAI 2017

MATRIX

JJK: Was ist eigentlich die Matrix?

ERZENGEL SANDALPHON: Ich umfange die Menschheit mit meiner Liebe. Ich bin mit euch und mitten unter euch.

Die Matrix ist eine Welt innerhalb eines bestimmten elektromagnetischen Feldes. Das elektromagnetische Feld der Erde hat eine Schwingung, die es bisher keinem Menschen erlaubte, den Horizont dieser Matrix zu überschreiten oder das „Matrix-Gitter" zu durchbrechen. Das ist die große Illusion, in der die Menschheit lebt und die jetzt erkannt wird. Warum? Da die Lichtflutung dieser Erde dies bewirkt. Aus der ZENTRALEN SONNE gelangen seit Jahrzehnten immer stärkere Lichtimpulse zur Erde und dies ermöglicht es den Menschen zu „erwachen".

JJK: Warum erst jetzt?

ERZENGEL SANDALPHON: Aufgrund sich vollendender, kosmischer Zyklen und der Tatsache, dass die Zeit, in der die Erde als „Schulungsplanet für Engel" diente, abgelaufen ist. Das „dunkle Zeitalter" konnte nur in diesem Zeitengefüge und aufgrund kosmischer Verträge begründet werden. Nun ist die Zeit, die alles verändert, gekommen. der Neue Morgen ist da.

JJK: Kosmische Verträge? Wer mit wem?

HERRSCHER DER MATRIX

ERZENGEL SANDALPHON: Eine äußerst mächtige, dunkle Herrscherrasse hat vor über 25.000 Jahren diesen Planeten „übernommen". Seither regiert die Angst, ist Mangel Teil des menschlichen Daseins und ist die Verbindung des einzelnen Menschen zu sich selbst, zu seinem Höheren Selbst und zur Quelle allen Lebens instabil. Frequenzbänder und elektromagnetische Felder, die die Herzschwingung stören und negativ beeinflussen, haben die Menschen von ihrem Wesenskern fern- und von wahrer Erkenntnis abgehalten.

Diese „Fremdübernahme" eines Planeten war dieser Herrscherrasse für diese Raumzeit erlaubt – dies unter der Bedingung, den freien Willen des einzelnen Menschen zu respektieren. Dieser Zyklus endet jetzt und ein neuer, lichtvoller Zyklus beginnt.

Der ganze Planet und das Leben auf der Erde beginnen sich nach dem Licht zu orientieren und auf das Göttliche auszurichten – und für diesen Vorgang haben die dunklen Mächte keinen Auftrag mehr. Weder können sie diesen stoppen, noch wollen die meisten Wesenheiten dieser Art daran teilhaben.

Somit ist das Ende der kalten Rasse auf dieser Erde genauso vorbestimmt wie die Wiedergeburt des Menschen auf dieser oder einer anderen Welt.

JJK: Der „freie Wille"...
Hat die kalte Rasse diesen wirklich immer respektiert?

ERZENGEL SANDALPHON: In diesem Bereich gab es grobe Verletzungen und die Verträge wurden wiederholt gebrochen.

VERTRAGSBRUCH

Dies hat zur Folge, das in der jetzt beginnenden neuen Zeit nur „die" Dunklen vom Feuer des Himmels ausgenommen werden, die sich dem Licht zuwenden und zu wahrer, innerer Umkehr bereit sind. Was für die Menschen gilt, trifft in besonderem Maße auf die kalte Rasse zu. Weitere Vereinbarungen wird es nicht geben und alle Fristen sind abgelaufen.

JJK: Zwischen wem genau wurden diese Verträge geschlossen?

ERZENGEL SANDALPHON: Diese destruktiven Wesenheiten, die in vielen Schriften als die Archonten bezeichnet werden, haben mit den Menschen, das bedeutet, mit hohen Vertretern in den Regierungen und vorzugsweise mit den Königshäusern dieser Erde vor Jahrtausenden Verträge geschlossen. Ziel war es, die Rohstoffe dieses Planeten auszubeuten und die ihnen geistig weit überlegenen Menschen zu kontrollieren.

Die Kontrolle und Beeinflussung der Menschen ist von größter Bedeutung, da sich die dunkle Rasse von den Angst-Emotionen der Menschheit ernährt. Deshalb wurden die Liebes-Emotionen abgetötet und die Menschen zu Egozentrikern umgepolt.

Es ist ein Irrtum, zu glauben, alle Rassen reagieren auf Liebe. Manchen Wesenheiten dienen die Schmerzen und die Ängste hoch entwickelter, kosmischer Wesenheiten, wie die Menschen es sind, dafür, um selbst zu überleben.

Während sich die Seelen der Menschen mit Liebe nähren, benötigen die Abgesandten des Teufels die Angst, um sich zu stärken. Das Hauptinteresse der Archonten lag also darin, Bodenschätze für eigene Technologien zu gewinnen und die Menschen in Angst zu halten, um dadurch ausreichend Energie für das eigene Überleben zu generieren – und wenn ihr euch auf der Erde umblickt, so regiert immer noch die Angst unter den Menschen und nicht die Liebe.

JJK: Und jetzt? Was hat sich jetzt geändert, seitdem wir das Kali Yuga[4] verlassen und in das neue Zeitalter eingetreten sind.

ENDE DES KALI YUGA UND DIE FOLGEN

ERZENGEL SANDALPHON: Jetzt ändert sich alles. Das heißt, die Energie hat gedreht und das manipulative elektromagnetische Feld ist nicht mehr aufrechtzuerhalten. Das Gitter ist löchrig geworden und was sich nicht von selbst auflöst, wird zerstört. Dies ermöglicht es den kosmischen Lichtkräften direkte Interventionen auf Erden vorzunehmen und es befähigt den Menschen zu einem unglaublichen Bewusstseinssprung.

JJK: Warum erscheint vielen Menschen, mich eingeschlossen, dieser Übergang in das Licht oft so mühsam und langwierig?

ERZENGEL SANDALPHON: Da es für den einzelnen Menschen, aufgrund der Transformationsarbeit, eine sehr fordernde Zeit ist. Langwierig ist es, da es eine bestimmte Zeitspanne braucht, bis alle Bedingungen für den schlussendlichen Übertritt in das Licht erfüllt sind. Was über 25.000 Jahre den Lauf dieser Welt bestimmte, kann nicht über Nacht abgestreift werden. Das Tempo, mit dem dies stattfindet, ist dennoch atemberaubend.

Denn von jetzt an wird dieser Planet innerhalb einer menschlichen Generation im Lichte stehen und diese Phase des Übergangs gemeistert haben.

JJK: Wie kann sich der einzelne Mensch jetzt am besten darauf vorbereiten und vor allem wie seinen Alltag bewältigen, wo es scheint, dass die großen Verwerfungen noch bevorstehen?

ERZENGEL SANDALPHON: Lenkt alle eure Bestrebungen darauf, selbst gesund und heil zu werden. Seid „selbstsüchtig"! Löst die noch vorhandenen religiösen Glaubenssätze, die euch sagen, ihr sollt euch um den Nächsten zuerst kümmern, auf! Durchschaut diesen Irrtum. Denn erst wenn der Einzelne in seiner ganzen Kraft steht, ist er befähigt, Anderen – den Nächsten – zu helfen.

SELBSTSUCHT HEILT!

Heilt euch selbst zuerst, dann kann eure wahre Natur hervorscheinen.

Bedingungslose Liebe ist das Resultat von bedingungsloser Erkenntnisarbeit – und diese Arbeit beginnt bei dir selbst.

Zu allen Zeiten riefen Menschen nach Hilfe und verlangten nach Liebe. Zu allen Zeiten waren die Menschen bedürftig und sehnten sich nach Erleichterung ihres Jochs – und zu allen Zeiten gab es nur wenige Meister, die aufgrund ihrer Reinheit und ihrer Verwirklichung den Menschen als wahres Licht leuchten konnten.

Buddha und Jesus haben die Matrix überwunden und deren Licht überstrahlt jede Zeit. Werdet ein Buddha, um wirkliche Hilfe bieten zu können. Seid ein Jesus, um bedingungslos zu lieben.

Doch bevor Buddha und Jesus die Menschen erkannten, erkannten sie sich selbst. Beschreitet diesen Weg und ihr werdet sicher am Ziel ankommen. Beseitigt jeden Schatten, löst jede Illusion auf, stellt euch der dunklen Seite eurer Seele und beendet die Macht der Finsternis über euch.

Selbstheilung zu erlangen, ist das Ziel und durch Selbstsucht wird für diesen Transformationsprozess ausreichend Energie bereitgestellt.

JJK: Sollen wir alle Egoisten werden? Manche Menschen könnten das so verstehen.

ERZENGEL SANDALPHON: Liebende und Lebende sollt ihr werden!

Und dies kann nur geschehen, indem ihr euch selbst zuerst liebt – vollkommen und bedingungslos. Dafür wiederum müssen alle Hindernisse und die falschen Glaubenssätze erkannt und überwunden werden. Wem, glaubt ihr, habt ihr den Glaubenssatz „Liebe deinen Nächsten mehr als dich selbst" zu verdanken?

JJK: Aber in der Bibel steht: „Liebe deinen Nächsten wie dich selbst" und nicht „mehr als dich selbst"?

ERZENGEL SANDALPHON: Mit dem Resultat, dass die meisten Menschen sich selbst gar nicht beachten. Dies geschah, da die dunkle Priesterschaft dem Selbst des Menschen bewusst keine Bedeutung zusprechen wollte. Dadurch wurde dieses Jesus-Wort verfälscht, da in der Auslegung „wie dich selbst" unter den Tisch gekehrt wurde. Somit prägte dieser falsche Glaubenssatz für Jahrhunderte die spirituelle Haltung der Menschen eine Irreführung mit den euch bekannten Folgen. Menschen ohne Selbstbewusstsein glauben anderen Menschen ohne Selbstbewusstsein helfen zu können. Dadurch ist niemandem wirklich geholfen und es gehen alle in die Irre.

An dieser Stelle ist erneut auf die Archonten zu verweisen. Alle Kirchen wurden von diesen Kräften begründet, damit sie die ursprünglich reinen Seelen und klaren Menschenherzen vergiften konnten – und das Gift war die minderwertige und lieblose Haltung des

Menschen sich selbst gegenüber – ein Gift, das bei jenen Menschen, die sich auf die spirituelle Suche begaben, die volle Wirkung entfaltete.

Die gottlosen Menschen wurden zur Egozentrik angetrieben und die spirituellen Sucher von der Selbstliebe, denn damit beginnt und endet jeder Transformationsprozess, ferngehalten. Falsche Interpretationen von Aussagen der Meister und Wahrheiten, die ins Gegenteil verkehrt wurden, waren die Mittel, um dies zu erreichen.

Jetzt fällt dieser Vorhang, das Spiel ist aus und das Erwachen hat eingesetzt.

SELBSTSUCHT FÜHRT ZUR SELBSTLIEBE

Wohl jenen Menschen, die heute die subtilen Täuschungen erkennen und bereit sind, bisherige Normen und Paradigmen umzustoßen. Wohl jenen, die in der Priesterschaft unterschiedlicher Religionen Diener des falschen Gottes erkennen. Und wohl jenen, die sich der bedingungslosen Liebe verschrieben haben und damit bei sich selbst beginnen.

Wer verstehen kann, der versteht es und der wird von selbst das Selbst in den Mittelpunkt seines Lebens stellen.

Wohin gehst du und was bewegt dich, geliebter Mensch? Gewinne den Überblick zurück, verfeinere deine Unterscheidungskraft und weise deinem Ego-Bewusstsein und deinem Selbst-Bewusstsein den richtigen Platz zu. Lass die Liebe die Triebfeder aller deiner Handlungen sein und beginne bei dir. Sei dir bewusst:

Selbstliebe und Egozentrik schließen sich aus, da das Selbst auf einer völlig anderen Schwingungsebene existiert. Weder kann sich das Ego zum Selbst aufschwingen noch das Selbst zum Ego abschwingen.

Jeder Mensch, der mehr als nur an der Oberfläche gräbt, weiß das.

Ich bin bei dir, bis du zu dir selbst zurückgekehrt bist.

Ich bin ERZENGEL SANDALPHON

Worum geht es bei der Begleitung von Kindern an vorderster Stelle? Wertschätzung, Achtung und Liebe – auf diesem Fundament kann den Kindern alles vermittelt werden!
Dabei ist die Vorbildwirkung der Eltern und Lehrer das wichtigste Kriterium. Wer den Kindern vorlebt, was er ihnen vermitteln möchte, ist der beste Lehrer, die beste Mutter und der beste Vater.

BABAJI

VON SCHULEN UND KINDERN

GESPRÄCH MIT
BABAJI

ALTERNATIVE SCHULEN
SCHULNOTEN
HEIMLERNER UND AUFWACHSEN OHNE
COMPUTER UND HANDY
„ZUCHT UND ORDNUNG"
DIE GENDER-IDEOLOGIE
DAS POTENZIAL DER KINDER
WORUM ES GEHT!
„OHNE FLEISS KEIN PREIS"
TROTZPHASEN UND PUBERTÄT

07. JUNI 2017

ALTERNATIVE SCHULEN

Welchen Nutzen können Kinder aus einem „alternativen Schulsystem" ziehen? Ich meine Schulen, in denen die Kinder selbst entscheiden, wann sie lernen und auch was sie wann lernen. Was macht diese „Freiheit" mit den Kindern? Sogenannte „Freie Schulen" erleben derzeit einen Boom, da die staatlichen Schulinstitutionen kläglich versagen. Aber ist das immer besser? Ich erlebe beide Schulsysteme – Regelschule wie Alternativschule – sehr nahe mit. Dabei muss ich feststellen, dass die Kinder bis zu einem bestimmten Grad „Führung" und „Richtlinien" brauchen. Es ist gut, wenn Lehrer die Kinder fördern und fordern. Vieles davon ist in manchen dieser neuen Schulen nicht gegeben. Die Kinder werden mehr oder weniger sich selbst überlassen… Was machen solche Schulen mit den Kindern?

BABAJI: Ich bin bei dir und ich bin bei euch, geliebte Menschen. Bringen wir Licht in diese Angelegenheiten. Aus einem „alternativen Schulprinzip", das heißt, aus Schulen, die die Kinder weitgehend sich selbst überlassen und in denen wenig aktive Förderung von den Lehrer ausgeht, können Kinder vor allem einen Nutzen ziehen: ohne Diktat, ohne Druck ihren Lebensweg finden. Es ist eine Suche, bei der es sehr früh auf die Eigenverantwortung ankommt und die Kinder werden dahingehend angespornt.

Beobachtungen, wie du sie schilderst und erlebst, resultieren daraus, dass die Kinder erst dann in diese Eigenverantwortung gelangen, wenn sie sich ganz von den Erwartungshaltungen der Eltern und des Systems befreit haben. Dies ist oft ein langer Weg und so scheint es, dass diese Kinder orientierungslos oder lustlos sind. Das ist aber nicht der Fall. Das Lernen findet nur anders und auch später statt.

Des Weiteren ist zwischen den alternativen Schulen zu unterscheiden. Es gibt auch in diesem System gute und schlechte Schulen. Das trifft genauso auf die Regelschulen zu. Worauf es in jeder Schule, gleich welcher Typ, ankommt, sind die Lehrer und ist das Klima, das in der Schule herrscht.

SCHULNOTEN

JJK: Sind Noten gut oder schlecht?

BABAJI: Auch hier liegt es an den Lehrern. Wer Noten als Machtinstrument einsetzt, verfehlt das Ziel und Kinder verlieren die Freude am Lernen. Benotungen können ein Ansporn sein, wenn die Lehrer es verstehen, damit behutsam umzugehen. Generell gilt, Benotungen verstärken das Konkurrenzdenken in einer Klassengemeinschaft, was die Kinder zwar auf diese

Matrix gut vorbereitet, jedoch nicht zu sich selbst finden lässt. Schulen ohne Beurteilungen und mit Lehrern, die dieser Aufgabe wirklich gewachsen sind, sind der Idealfall.

Was dem derzeitigen Schulsystem in vielen „entwickelten Ländern" fehlt, ist das Versäumnis der Herzensbildung, das Versäumnis der spirituellen Bildung und das Versäumnis einer Ausrichtung auf göttliche Prinzipien.

In den herkömmlichen Schulen findet eine einseitige Wissensvermittlung statt, sodass deren Absolventen sich für dieses System bestens eignen. Herzensbildung ist in diesen Schulen unbekannt und so entwickeln sich die Kinder zu Egoisten, die nach dem Gesetz des Stärkeren leben.

In vielen „alternativen Schulen" gilt ein anderer Vorsatz. Anthroposophische Schulen nach Rudolf Steiner oder die Schulen nach Maria Montessori sind hier hervorzuheben. Auch gibt es weltweit gute Schulen, die von Meistern oder weit entwickelten Menschen gegründet wurden und in denen ein ganzheitliches Wissen auf sehr einfühlsame und menschengerechte Weise von wunderbaren Lehrern vermittelt wird.

JJK: Was ist mit Eltern, die ihre Kinder selbst lehren, was mit Kindern, die niemals eine Schule von innen gesehen haben?

HEIMLERNEN UND AUFWACHSEN OHNE COMPUTER UND HANDY

BABAJI: Auch hier kommt es auf die Eltern und die Kinder an. Manche Eltern überfordern sich selbst und auch ihre Kinder, denn es ist nicht immer konfliktfrei, wenn Eltern ihre eigenen Kinder lehren. Hier ergeben sich oftmals Reibungsflächen, die nicht unbedingt förderlich sind.

JJK: Wenn Kinder in der Natur lernen, ganz fern von Computern und Handy aufwachsen – ist das gut? Werden diese Kinder nicht weltfremd und haben diese Kinder später Probleme in dieser Welt?

BABAJI: Es ist die Mischung, die Dosis, auf die es ankommt. Die Kinder mit allen Mitteln von den zweifelhaften Segnungen dieser Welt fernzuhalten, stärkt nur ihr Interesse dahingehend, Versäumtes irgendwann nachzuholen.

Wer bestimmte Dinge niemals darf, wartet auf die richtige Gelegenheit, um etwas auszuprobieren oder nachzuholen. Hier gilt es Extremen vorzubeugen.

Richtig ist der Mittelweg und das Bewusstmachen von Dingen. Eltern und Lehrer, die auf die Gefahren und auf die Wirkung der Nutzung von Handy und Computer hinweisen, den Kindern aber ab einem bestimmten Alter selbst die Entscheidung überlassen, gehen den richtigen Weg.

JJK: Wie alt sollten Kinder sein, dass sie selbst entscheiden dürfen, ob sie ein Handy oder einen Computer nutzen und wie sie diese nutzen?

BABAJI: Die Frage ist, auf welche Weise diese Medien genutzt werden. Generell gilt es die Kinder zu begleiten und ihnen nach und nach den verantwortungsvollen Umgang damit beizubringen. Sobald die Kinder wissen, welche Gefahren davon ausgehen, können sie eigene Gedanken darüber anstellen – was sehr förderlich ist. Ein striktes Verbot sollte im Kleinkindesalter herrschen.

Kinder bis zu ihrem 7. Lebensjahr sollten von all diesen Dingen ferngehalten werden. Erst danach ist eine sehr behutsame und schrittweise Bekanntschaft mit diesen Medien zu empfehlen.

„ZUCHT UND ORDNUNG"

JJK: Welche Wirkung haben strenge, also autoritäre Schulen auf Kinder – ich meine Schulen, in denen „Zucht und Ordnung" herrschen und alles über das Notensystem definiert ist?

BABAJI: Konkurrenzdenken, Ausübung des Rechts des Stärkeren, Faustrecht, Egoismus, Empathielosigkeit und Ausrichtung auf einen Überlebenskampf. Schulen, denen die Seele fehlt, wo Lehrer wie Diktatoren auftreten und die Kinder als Computer, die nach Belieben Informationen ausspucken sollen, wahrnehmen, sind ein großes Übel.

JJK: „Bulimie-Lernen" ist ein Begriff, der sich durchgesetzt hat. Dabei spucken die Kinder bei Prüfungen ihr Wissen aus, um es danach schnell wieder zu vergessen…

BABAJI: Unter diesen Umständen verfehlt jede Schule ihr Ziel und hat Schule keinen Sinn. Es sein denn, man möchte die Kinder zu Robotern umdefinieren – was von dieser Matrix natürlich forciert wird.

DIE GENDER-IDEOLOGIE

JJK: Und Schulen, die exakt auf der anderen Seite der Skala stehen, die alles nivellieren und womöglich auch noch die Gender-Ideologie verbreiten?

BABAJI: Schulsysteme, die in der Gender-Ideologie aufgehen und das Gleichmachen der Geschlechter propagieren, vermitteln den Kindern ein völlig verzerrtes Menschen- und Weltbild. Für diese Kinder ist es sehr schwer, ihre eigene Identität aufrechtzuerhalten oder aufzubauen.

Wo die eigene Geschlechtlichkeit infrage gestellt wird, treten Unsicherheiten in Bezug auf sich selbst auf.

Selbstvertrauen und Selbstbewusstsein bleiben auf der Strecke und eine ständige Suche nach Identität ist die Folge. Diese „Pädagogik" ist Teil des Plans, die Menschen nicht in ihre Kraft kommen zu lassen, um sie dauerhaft kontrollieren zu können.

Ein Mensch, der kein verankertes geschlechtliches Selbstverständnis hat, bleibt eine formbare Masse und ist jederzeit in eine bestimmte Richtung zu manipulieren.

Die größten Übergriffe und Verletzungen geschehen über die Sexualität und hier wird bereits bei den Kindern begonnen, indem ihre angeborenen Instinkte mit Zweifel belegt und verdreht werden. Generell haben Schulen, in denen Lehrer weder ihre ihnen angeborene geschlechtliche Identität noch ihre natürliche Autorität ausüben, eine schädliche Wirkung auf die Kinder.

Nur die wenigsten Kinder können ohne „Leitbilder", „Vorbilder", klare „Begleitung" und weise „Führung" wachsen und vorankommen – und die Kinder brauchen in der Vermittlung weibliche und männliche Energien.

Es ist wichtig, dass Lehrer sich selbst kennen, damit die Schüler sich selbst kennenlernen können.

Nur so können Lehrer und Schüler ihre Plätze einnehmen. Menschen sind auf höherer Ebene eins. Auf der von uns besprochenen Ebene gilt es die Unterschiede der Menschen, die durch ihre Aufgaben definiert sind, zu erkennen und sich danach zu verhalten. Schulen, an denen es an solchen Lehrer fehlt, hinterlassen bei den Kindern sehr oft eine innere Desorientiertheit und Chaos.

Eine liebevolle Begleitung und natürliche Autorität sind der beste Weg, um einem Kind Halt zu geben, bis es auf dieser Welt selbst Festigkeit erlangt. Kommt noch die Weisheit hinzu, ist das Glück für die Kinder perfekt.

DAS POTENZIAL DER KINDER

Grundsätzlich gilt: Gleich welches „Schulsystem" ein Kind durchlief, Menschen haben ein enormes inneres Potenzial und sind imstande, welche „Zwangsjacke" auch immer abzulegen. Das Bewusstsein eines Menschen kann alles durchleuchten und alles durchschauen – und viele der heutigen Kinder sind durchaus in der Lage, ihre missliche Situation zu erkennen und später zu korrigieren.

JJK: Ich denke mir manchmal auch, wenn der Polsprung in den nächsten zwei Jahren käme und die Welt sich gänzlich veränderte und die Menschen aufstiegen, dann werden die Kinder anders lernen, dann sind diese Fragen obsolet. Was bedeuten also meine Fragen und Bedenken, wenn die notenfreie, telepathische Wissensvermittlung in einer liebevollen und wertschätzenden Umgebung ohnedies vor der Tür steht?

BABAJI: Sich darauf auszurichten, ist kein Ansatz für eine Lösung der aktuellen Situation. Auf Potenziale zu setzen, ist grundsätzlich nicht falsch, bis dahin jedoch untätig zu bleiben und auf das Jetzt nicht zu antworten, ist eine Sünde. Das Hier und Heute verlangt nach Antworten und die von dir angesprochenen Entwicklungen müssen „potenziell" möglich werden. Dies geschieht, indem sich die Menschen ihren täglichen Aufgaben widmen und nicht indem sie davor fliehen.

Kinder sollten demgemäß auf jeden Fall zum Lernen und zum Erwerb von Fähigkeiten angespornt werden.

„Zucht und Ordnung" ist genauso der falsche Weg, wie die Kinder „ohne Autoritäten" aufwachsen zu lassen. In beiden Fällen verkümmern ihre Fähigkeiten. Die Einen werden zu Systemsklaven und die Anderen neigen zur Faulheit und werden träge.

WORUM ES GEHT!

Worum geht es bei der Begleitung von Kindern an vorderster Stelle? Wertschätzung, Achtung und Liebe – auf diesem Fundament kann den Kindern alles vermittelt werden! Dabei ist die Vorbildwirkung der Eltern und Lehrer das wichtigste Kriterium. Wer den Kindern vorlebt, was er ihnen vermitteln möchte, ist der beste Lehrer, die beste Mutter und der beste Vater.

Alles, was wir hier besprechen, ist hinfällig, wenn Erwachsene das Eine sagen und das Andere tun. So kann den Kindern auch die Bedeutung von Anstrengungen und der Wert des Fleißes vermittelt werden. Diese zwei Eigenschaften sind unabdingbar auf allen Ebenen des Seins, möchte eines Wesenheit sich entfalten und etwas erreichen. Faulheit ist eine Sünde. Wird Fleiß durch das Beispiel von Eltern und Lehrern vermittelt, dann ist schon viel, sehr viel, gewonnen.

„OHNE FLEISS KEIN PREIS!"

JJK: „Ohne Fleiß kein Preis" ist ein gängiges Sprichwort!

BABAJI: Dem Fleißigen hilft Gott bei all seinen Bestrebungen. Faulheit oder Fleiß sind bei allen Unternehmungen zu jeder Zeit und auf allen Zeitlinien von größter Bedeutung. Daraus leitet sich der menschliche Charakter ab, gleich auf welcher Welt und in welcher Umgebung.

Anstrengungen sind auf allen Ebenen des Seins erforderlich und ein erwachter Geist liebt diese Anstrengungen, da er weiß, dass er dadurch wächst. Schulen können dieses Bewusstsein schulen, es wachhalten, damit es nicht verkümmert und damit der Mensch einen guten Charakter entwickelt. Dann erst kann er seine tatsächlichen „Potenziale" entfalten.

Fleiß hat mit Selbstachtung zu tun – und diese Selbstachtung haben Kinder von Geburt an. So ist auch der Fleiß jedem Menschen angeboren, anderenfalls würde kein Mensch aufrecht gehen, da er sich die Anstrengungen des „Gehen-Lernens" ersparen würde. Diese Eigenschaften werden den Kindern in Schulen oder durch falsche „Erziehung" abtrainiert. Wenn es dann noch an Vorbildern mangelt, ist die Frustration perfekt.

Kinder, die zu Robotern, die auf Befehl Wissen ausspucken müssen, degradiert werden, verlieren jede Kreativität und erfüllen nur noch, was von ihnen erwartet wird.

Das Ende des Fleißes beginnt, wo ein Kind in seiner Kreativität blockiert wird.

Die dem Kinde innewohnende Begeisterungsfähigkeit zu erhalten, das ist der oberste Auftrag von Eltern, Lehrern, Mentoren und von Schulen.

JJK: Können Schulen, die die Kinder mehr oder weniger sich selbst überlassen oder die den Genderwahnsinn forcieren, dieses „Lebenssystem" ruinieren?

BABAJI: Ja, so die Kinder außerhalb der Schule ein ähnliches Lebensumfeld vorfinden. Nein, so die Kinder mit Menschen das Erlebte kritisch reflektieren können oder rechtzeitig diese Schulen verlassen.

Grundsätzlich hat ein Kind, wie am Beginn unseres Gespräches dargestellt, in einer „Schule ohne Druck" die Gelegenheit, selbst sein „Wollen" zu entdecken, da es in diesen Schulen kein „Muss" gibt. Wichtig zu verstehen ist auch, dass jedes Kind auf unterschiedliche Weise begleitet und gefördert werden möchte. Für viele Kinder ist das starre Schulsystem mit „Frontalunterricht", Noten und Prüfungen ideal, für andere wiederum eine Unmöglichkeit. Hier gilt es zu differenzieren.

Die beste Schule für alle Kinder ist die, in der Lehrer den Kindern mit Wertschätzung begegnen, an der ein gutes Klima herrscht. Für alle Schulen gilt: Wenn eure Kinder gerne hingehen, dann wisst ihr, dass sie gut und vieles richtig ist.

JJK: Wie wird ein Mensch, der die Begeisterung irgendwann verloren hat, wieder fleißig? Wie kann die Begeisterung zurückkehren? Ist das Veranlagung oder Training? Kommt der Fleiß durch das Interesse, also automatisch, indem ein Mensch seine Berufung findet und mit einer Beschäftigung verriegelt?

BABAJI: „Automatisch" dann, wenn diesem Menschen der Wert des Fleißes in seinem Lebensumfeld vermittelt und gespiegelt wird. Dann wird selbst der Faulste wieder fleißig.

TROTZPHASEN UND PUBERTÄT

JJK: Wie soll man mit Kindern umgehen, die ihre Phasen durchlaufen – von der Trotzphase bis zur Pubertät kann auf Eltern manches zukommen. Gibt es da eine Grundregel?

BABAJI: Die „Konflikte" auszutragen und den Kindern ihren Platz in der Familie zuzuweisen. Konsequenz und auch Strenge, das heißt Grenzen zu setzen, und dies in einer liebevollen Atmosphäre vorgetragen, das ist der erste Schlüssel. Der zweite Schlüssel ist, aus „Verfehlungen" nicht immer eine große Sache zu machen. Gewährt, verzeiht und bleibt bei eurer Linie, das ist der Weg.

Kinder profitieren am meisten von liebenden Eltern, die ihre eigenen Wünsche deutlich zum Ausdruck bringen und die Erwartungen an ihre Kinder klar formulieren.

JJK: Wann können Kinder überfordert werden?

BABAJI: *Die Kinder „steigen aus", wenn die Eltern das, was sie sagen und als Leitbild für die Familie vorgeben, selbst nicht leben. Wenn Eltern Konsequenz mit Liebesentzug und Härte verwechseln.*

JJK: Was macht den Unterschied aus?

BABAJI: In diesem Zusammenhang ist mit Konsequenz gemeint, dass das, worauf sich Menschen in einer Familie oder Gemeinschaft verständigt haben, auch eingehalten wird – beharrlich einen Weg zu gehen, Abmachungen einzuhalten und diese logisch begründen zu können.

Auf unbegründete Härte, das heißt, Härte, die sich dem Verständnis entzieht, verbunden mit Liebesentzug, reagieren Kinder immer, indem sie sich innerlich verschließen. Sie schützen sich vor dieser Kälte. Auch Erwachsene verhalten sich in diesem Fall ähnlich, nur dass sie in den meisten Fällen geübter oder abgestumpfter sind, damit umzugehen.

Schließlich haben die meisten Erwachsenen die Fähigkeit entwickeln müssen, um sich in einer Welt voller Ungerechtigkeiten, Härte und Lieblosigkeit zurechtzufinden.

Wir beenden dieses Gespräch an dieser Stelle.

Ich ermutige alle Eltern und Lehrer dazu, selbst ein Vorbild für die Kinder zu sein. Dann haben die Kinder die beste Orientierung und sie navigieren sicher durch die Stürme dieser Zeit – auf einer sich täglich verändernden Erde.

Ich bin bei euch und bei allen Kindern dieser Welt. Ich liebe euch unendlich.

BABAJI

Von Russland geht die
Veränderung aus und von
Russland aus wird der Wandel
und wird die Erneuerung
die ganze Welt erreichen.

BABAJI

VON RUSSLAND GEHT DIE VERÄNDERUNG AUS!

GESPRÄCH MIT
BABAJI

LAGE SPITZT SICH ZU!

01. JULI 2017

TRAUM: *Russlands Präsident Wladimir Putin wird ermordet! Voller Sorge um Russland und die Welt wache ich auf.*

JJK: Habe ich das nur geträumt und eigene Befürchtungen verarbeitet oder aber liegt dieser Szene mehr zugrunde?

BABAJI Ich bin bei den Menschen und die ganze Menschheit ist in meiner Obhut.

Von Russland geht die Veränderung aus und von Russland aus wird der Wandel und wird die Erneuerung die ganze Welt erreichen.

Noch benötigt es etwas Zeit, kaum mehr als einen Wimpernschlag Gottes, jedoch diese Zeit muss erwartet werden.

Dein Traum weist auf dieses Potenzial hin – und in der Tat gibt es auf dieser Erde große Bestrebungen, dies zu bewirken. Bisher schlugen sie alle fehl. Seid euch bewusst:

Jeder Mensch, der von Gott auf Erden eingesetzt ist und seine Aufgaben erfüllt, wird dies so lange tun, wie es vom Himmel aus vorhergesehen ist. Dies kann keine Kraft der Erde unterbinden.

JJK: Ist es möglich oder sogar wahrscheinlich, dass Putin dieses Schicksal widerfährt?

BABAJI: Entscheidend ist, ob diese lichtvolle Wesenheit ihre Aufträge zu Ende führen kann – und dies ist gegeben. So glättet eure Sorgenfalten, denn *das Wohl der Erde liegt nicht nur in den Händen eines Menschen, sondern in den Händen vieler, die sich mit Leib und Seele dafür einsetzen.*

LAGE SPITZT SICH ZU!

Die Lage auf der Erde spitzt sich weiter zu. Das heißt, alles, was falsch, lichtlos und bösartig ist, gelangt jetzt an die Oberfläche. Ihr seid darauf bestens vorbereitet und dennoch fordert euch diese Zeit vollends. Das heißt, ehe es licht wird, wird sich diese Erde verdunkeln.

Danach folgt der neue Tag – ein Tag, an dem jene, die die Erde dann bewohnen, diese nicht mehr erkennen werden. Dergestalt sind die Ereignisse bahnbrechend und so erfüllen sich manche Prophezeiungen.

JJK: Werden wir das Schlimmste abwenden können?

BABAJI: Das Schlimmste für diese Erde, nämlich die völlige Auslöschung, habt ihr schon abgewandt.

Das "Schlimmste" für sich selbst zu vermeiden, können aber jene nicht mehr, die sich der eigenen Umkehr beharrlich verschließen. Der Wandel und der letztendliche Umbau dieser Erde wird von jedem Menschen auf einmalige Weise erlebt. Von zwei Menschen, die nebeneinander stehen, wird es jeder anders erleben.

JJK: Wie es in der Bibel heißt: *"Einer wird vom Felde genommen und einer wird bleiben."* [5]

BABAJI: Das ist die Wahrheit und dieser Tag rückt näher und näher.

Ich bin der Hüter deines Lebens und die Erde ist in meiner Obhut. Fürchtet euch nicht, sondern betrachtet jeden Tag in diesem Zeitgefüge als einmaliges Geschenk. Freut euch, dass die Zeit der Finsternis zu Ende geht und die Epoche des großen Friedens und des Lichts immer näher rückt.

Weicht nicht ab von eurem Pfad, bleibt im Frieden und in der Liebe – für alles Weitere ist gesorgt.

Haltet euer Haus rein, damit ihr jederzeit dem, den ihr erwartet, öffnen könnt.

Ich bin BABAJI
Ich bin allgegenwärtig auf dieser Erde.

Eine ausreichend große Anzahl von Menschen ist erwacht und die kosmischen Beschlüsse für den Planeten Erde werden jetzt umgesetzt. Gottes Wirken zeigt sich auf allen Ebenen und dies kann von Irrtümern und falschen Glaubenssätzen einzelner Menschen nicht mehr blockiert werden.

ERZENGEL SANDALPHON

LIEBE MACHT UNS ZUM MENSCHEN

GESPRÄCH MIT
ERZENGEL SANDALPHON

WOHER DIE FEIGHEIT?
SELBSTERKENNTNIS IST DER SCHLÜSSEL
WIE GEHT ES WEITER?

10. JULI 2017

JJK: *Was macht einen Menschen wirklich aus? Was ist das „Besondere", das „Einmalige" am Menschen?*

ERZENGEL SANDALPHON: Die Fähigkeit der Liebe! Die Fähigkeit, Programmierungen des Egos zu überwinden, das Ego unter die Herrschaft der Seele zu stellen und zu lieben.

Liebe ist das Allheilmittel im Universum und ist das Gift für jene Wesenheiten, die dazu nicht fähig und dafür nicht erschaffen sind. Die Liebe ist alles und alles liegt der Liebe zugrunde.

JJK: Warum aber herrschen die „Liebe" betreffend so viele Irrtümer? Im Speziellen meine ich, dass so viele Menschen glauben, sie dürften nicht kämpfen, um nur ja nicht aus der Liebe heraus zu kippen. Sich gegen diese Zustände auf der Erde zur Wehr zu setzen, geht für viele Menschen, die sich als „esoterisch" bezeichnen, gar nicht und es wird gerne als Mangel an Liebe ausgelegt.

Alles zu erdulden, zu ertragen und über sich ergehen zu lassen, an das Licht zu glauben, mit lächelndem Gesicht durch die Welt zu gehen und die Umstände, die die Menschheit derart knechten, zu ignorieren – es ist kaum besser als die katholische Heilslehre, die den Menschen seit Jahrhunderten das Ertragen als einziges Heil bringendes spirituelles Modell verkauft.

Wann werden die Menschen wirklich erwachen?

Aus meiner Sicht geht es darum, aufzustehen, sich zu empören und NEIN zu sagen. Nicht unbedingt den direkten Kampf zu suchen, das endet meist im Drama. Sondern insofern zu „kämpfen", indem man den verheerenden Lebensmodellen ein neues, eigenes und lichtvolles entgegensetzt. Frieden zu leben, Licht zu sein und die Liebe auszustrahlen, ohne Naivität oder Leichtgläubigkeit – und NEIN zu sagen. Die Dinge beim Namen zu nennen, aber sich dennoch nicht in den Strudel, den die Archonten erzeugen, ziehen zu lassen. Kurz: Niedrig Schwingendes zu erkennen und zu benennen und mit dem eigenen Licht eine „Gegenöffentlichkeit" zu erzeugen.

Wir müssen uns für eine Neue Erde starkmachen, uns dafür einsetzen. Dabei gilt es auch auf bestimmte Dinge, die diese Matrix bietet, bewusst zu verzichten.

TV-Apparate wären ein gutes Beispiel, denn wenn morgen niemand mehr fernschaut, verliert die Matrix ihre Macht über unsere Emotionen und Gedanken. Da kann es beginnen, nur die Wenigsten fangen damit an. Die Dinge werden sich nicht von selbst ändern, wir müssen bereit sein, uns selbst zu ändern und uns für den Wandel einzusetzen – auch wenn wir bekämpft werden und unser menschliches Leben bedroht wird.

Zusammengefasst: Meditation – ja, aber sich niemals vom Meditationsteppich zu erheben – nein.

ERZENGEL SANDALPHON: Du sprichst Fragen an, die sehr eng mit den Ängsten der Menschen vor dem eigenen Tod verbunden sind. Aufgrund dieser menschlichen Urangst schiebt der Mensch alles, was diesen verursachen könnte, von sich weg. Hier wirken Verdrängungsmechanismen und ein Mangel an Wissen. Natürlich gibt es auch Menschen, die auf fatalistische Weise den Tod geradezu suchen.

In dieser Botschaft sind jedoch jene Menschen angesprochen, die ein bestimmtes Maß an spiritueller Entwicklung erreicht haben und die dennoch damit zögern, tatkräftig und mutig das erworbene Wissen mit den Menschen zu teilen und auch in das Geschehen auf dieser Erde einzugreifen.

WOHER DIE FEIGHEIT?

Grundsätzlich gibt es unterschiedliche Weisen, wie sich das Erwachen eines Menschen offenbart. Ein Merkmal ist jedoch bei allen Erwachten auf gleiche Weise vorhanden: Der Erwachte kennt und lebt seine Aufträge – und dies völlig frei von Beeinträchtigungen durch Ängste, die sein körperliches Leben betreffen.

Das heißt, es gibt zweierlei Weisen, wie die Menschen, die ihre Aufträge erkennen, reagieren:
1) Sie fürchten sich davor und weisen sie zurück oder
2) sie nehmen sie an und leben diese.

Unter den „Erwachenden" ist der erste Punkt weitverbreitet. Deshalb ist der Irrglaube, der Mensch dürfe sich gegen das Unrecht auf dieser Welt nicht auflehnen, sondern solle es duldsam ertragen, für diese Menschen ideal, um ihren mangelnden Mut und das fehlende Wissen zu rechtfertigen.

JJK: Wie wirkt sich dies auf den Prozess des Wandels und Aufstiegs der Menschheit aus?

ERZENGEL SANDALPHON: Es wirkt sich auf die Leben der einzelnen Menschen aus, weniger auf den Prozess des globalen und planetaren Wandels. Dieser große Wandel ist von niemandem und durch nichts mehr aufzuhalten! Selbst Verzögerungen, die euch bisher zu schaffen machten, sind kaum mehr möglich.

Eine ausreichend große Anzahl von Menschen ist erwacht und die kosmischen Beschlüsse für den Planeten Erde werden jetzt umgesetzt. Gottes Wirken zeigt sich auf allen Ebenen und dies kann von Irrtümern und falschen Glaubenssätzen einzelner Menschen nicht mehr blockiert werden.

JJK: Zurücklehnen und abwarten? Oder heißt das für uns, unsere Anstrengungen zu verstärken?

ERZENGEL SANDALPHON: Mit euren Anstrengungen fortzufahren, das ist der Weg.

Wer den Pfad des Lichts betreten hat, der weiß, was wann und wo zu tun ist, und der braucht nichts zu „verstärken". Wer dem Pfad des Lichts fernbleibt, der lebt ohnedies fern der Kenntnis dieser Dinge.

JJK: Welche Rolle spielen die Irrtümer in der Esoterik-Welt dabei? Viele Menschen haben absolut keine Orientierung. Sie können echte von falschen Propheten nur schwer unterscheiden – oder hängen der Licht-und-Liebe-Illusion an, indem sie glauben, die Dinge lösen sich – allein durch positive Gedanken oder den festen Glauben daran – irgendwie von selbst. Ich denke mir oft, vom Sein ins Tun täte vielen Menschen, die esoterischen Lebensmodellen anhängen, gut.

ERZENGEL SANDALPHON: Die richtigen Zuordnungen in der Welt zu treffen, ist nur jenen möglich, die sich selbst kennen. Daran führt kein Weg vorbei.

SELBSTERKENNTNIS IST DER SCHLÜSSEL

Sich selbst kennt, wer die dichten Schichten des Unwissens durchdrungen und abgelegt hat. Damit gehen immer große Enttäuschungen einher, es werden Irrtümer bewusst und Illusionen erkannt. Das, was sich ein Mensch zeitlebens selbst vorspielte, zu erkennen, verlangt eine bestimmte Reife – und diese Reife ist grundsätzlich nicht überall anzutreffen.

Deshalb wird das Hauptaugenmerk in lichtvollen Botschaften darauf gelegt, dass der Mensch sich selbst heilt und seine ganze Energie der Selbsterkenntnis zukommen lässt – vom „Sein ins Tun" – um auf der äußeren Welt seinen Platz einzunehmen. Es setzt voraus, innerlich orientiert zu sein und seine Aufträge ohne die angesprochenen Ängste anzunehmen. Wie viele Menschen kennst du, die dazu imstande sind?

Zusätzlich gilt es die Fallstricke, die die dunkle Rasse aufstellt, zu erkennen. Die Menschheit wird mit allen Mitteln durch Angst überschwemmt. Sich daraus zu befreien, ist tatsächlich keine leichte Übung. Insgesamt jedoch ergibt sich ein sehr positives Bild für die Zukunft der Menschheit, denn die Sehnsucht nach dem Licht nimmt zu; und genau das ist der Boden, auf dem sich die notwendige Transformation ereignen kann und auch wird.

JJK: Was heißt das jetzt für jene, die bereits voll in ihren Aufträgen stehen? Den eigenen Weg weitergehen oder sich mit der Heilung der Mitmenschen beschäftigen? Was kann Gott überlassen werden und wo ist unsere Tatkraft gefordert?

ERZENGEL SANDALPHON: Wer seine Aufträge kennt, der weiß, was zu tun ist. Gott alles zu überlassen, ist immer der richtige Weg – was nicht heißt, selbst untätig zu bleiben. Ein Mensch, der nach bestem Wissen und Gewissen handelt, der seine Aufträge aus ganzem Herzen erfüllt, dem öffnet Gott jene Türen, die dem Menschen selbst auch unter größten Anstrengungen verschlossen blieben.

JJK: In diesem Zusammenhang beschäftigt mich immer wieder die Frage: „Was ist mit jenen Menschen, die womöglich gerne erwachen würden, die aber fremdbesetzt sind oder missbraucht werden und somit ganz andere Bedingungen vorfinden?" Sich auf karmische Umstände auszureden, finde ich zu einfach?

ERZENGEL SANDALPHON: Jede schmerzvolle Erfahrung hat – wie jede freudvolle Erfahrung – Ursachen. Diese sind so vielfältig, wie die Menschen selbst. Generell gilt, dass das Karma des Missbrauchs in dieser Zeit erlöst wird und sich deshalb so viel Missbrauch zeigt.

Das heißt, Opfer und Täter erhalten heute Gelegenheiten zur Heilung. Der große Missbrauch von Menschen durch Menschen sowie durch andere Rassen wird jetzt bekannt. Weltweit wird dieser Schleier jetzt entfernt und dies bedeutet, dass die Menschen aufgrund dieser Kenntnis darauf reagieren können.

Viele Menschen, die missbraucht werden, wissen dies nicht, und viele, die es wissen, fühlen sich ohnmächtig und ganz ihren Peinigern ausgeliefert. Hier hat der Wind gedreht und große karmische Verflechtungen werden gelöst. Das Zeitalter des Leides und ein Menschenleben voller Schmerz gehören der Vergangenheit an.

WIE GEHT ES WEITER?

JJK: Wie geht es weiter?
US-Präsident Donald Trump ist eine Enttäuschung und die Neue Weltordnung wird immer sichtbarer (RFID-Chip, Chaos durch Völkerwanderung, Impfpflicht, Bargeldverbot, etc.).

ERZENGEL SANDALPHON: Die Dinge werden auf die Spitze getrieben, bis der ganze Turm mit einem Schlag einstürzt. Amerika und Europa sind großen Veränderungen unterworfen. Präsidenten werden sehr bald keine Rolle mehr spielen, sondern es wird allein darauf ankommen, wo der einzelne Mensch in seiner spirituellen Entwicklung steht.

Die jetzt anstehenden Umbrüche werden eine völlig neue Menschheit hervorbringen und diese Zeit verblassen lassen.

JJK: Hatte gestern, am 9.7.2017, folgenden Traum, der exakt dazu passt:

TRAUM: *Liege mit einer Frau unter einem riesengroßen Wolkenkratzer, der sich – auf Pfeilern gebaut – mächtig über uns erhebt. Das Gebäude erinnert mich ein wenig an die EU-Zentrale in Brüssel. Offensichtlich ist dies unser vertrauter Meditationsplatz, an den wir uns jeden Abend zurückziehen, bis wir einschlafen. Plötzlich sage ich zu der Frau: „Hier können wir nicht mehr bleiben, denn dieses Gebäude wird einstürzen und uns unter sich begraben." Darauf antwortet die Frau: „Ja, aber ich habe keine Angst vor dem Tod." Darauf erwidere ich: „Darum geht es mir nicht. Es geht darum, dass ich nicht auf diese Art sterben möchte, da dies keinen Sinn macht und auch kein Sterben ist."*

Daraufhin finde ich mich auf der Straße, auf der Unruhen ausbrechen; und wieder kurze Zeit später betrete ich einen Keller, in dem sich der „Untergrund", wie man mir sagt, formiert hat.

Die Menschen, die sich dem Regime widersetzen, sind – für die Umstände unerwartet – auffallend fröhlich und ich blicke großteils in asiatische oder russische Gesichter. Mir wird eine Arbeit als Schuster angeboten und ich soll Maßschuhe anfertigen. Dann wache ich in meinem Bett auf. (TRAUM ENDE)

ERZENGEL SANDALPHON: Dieses Traumbild zeigt, dass dieses „System", das die Menschen versklavt hat, zusammenstürzen wird. Das Gebäude steht dafür.

Du hast die Arbeit, den Menschen neue Schuhe anzumessen. Die Schuhe stehen hier für den neuen Menschen und die neuen Werkzeuge, welche die Menschen auf der Neuen Erde benötigen.

Mit altem Schuhwerk, versinnbildlicht mit alten Lebensweisen, kommt auf der Neuen Erde niemand weiter. Es nimmt im besten Sinne alles einen anderen Gang.

Dass ihr den Meditationsplatz unter dem großen schwarzen Hochhaus verlassen müsst, deutet darauf hin, dass das ganze System, für das dieses Hochhaus steht, einstürzt, und bedeutet, dass jene, die dieses System bis zuletzt mit erhalten, mit einstürzen werden. Deshalb ist es jetzt so bedeutend, dass so viele Menschen wie möglich ihre spirituellen Hausaufgaben fortführen.

Allein dies erzeugt die erforderliche Energie für den Umbau dieser Welt.

Der beste Beitrag, den ein Mensch in der jetzigen Zeit leisten kann, ist folglich der, sich selbst von den Fesseln dieser Matrix zu befreien und sich selbst zu erkennen. Auf diesem Gebiet gibt es für die meisten Menschen noch reichlich zu tun.

Geht mutig und mit Freude ans Werk.

Du bist unvergängliches Bewusstsein und vom Vergänglichen sollst du dich nicht formen lassen, sondern du sollst es selbst gestalten.

Ich liebe dich
ERZENGEL SANDALPHON

Innere Freiheit hat mit äußeren
Bindungen nichts zu tun.
Ein Eremit kann der größte
Gefangene sein, wenn er
sich selbst nicht erkannt hat.
„Aussteiger" wechseln meist nur die
Ebene in der Matrix und sind nur in
den seltensten Fällen Überwinder
derselben. Aussteigen heißt immer,
aus seinen Fehlprogrammierungen
auszusteigen. Ein anderes
„Aussteigen" gibt es nicht.

BABAJI

DAS EGO
UND DIE SEELE

GESPRÄCH MIT
BABAJI

HAT EIN AVATAR EIN EGO?
DAS EGO VERSTEHEN
DIE BLASE DER „ESOTERIKER"
INNERE UND ÄUSSERE BINDUNGEN
FAMILIE ODER AUSSTEIGEN?

15. JULI 2017

JJK: Habe in einem Buch gelesen, dass es keineswegs eine Gefahr ist, wenn ein Mensch ein großes Ego hat, solange es der Seele zuarbeitet und sich nicht über die Seele erhebt. Ein großes Ego kann vieles in Bewegung bringen, so es lichtvollen Intentionen folgt. Dieser Darlegung kann ich viel abgewinnen. Jetzt die Frage: Was bedeutet es, wenn in der spirituellen Literatur oft davon die Rede ist, dass das Ego zerstört werden muss? Wie ist dies mit obiger Beschreibung in Einklang zu bringen?

BABAJI: Sobald ein Mensch Erleuchtung erlangt, hat das Ego aufgehört zu existieren. Es löst sich im Lichte, das bei dem Vorgang der Erleuchtung erzeugt wird, auf. Bis dahin ist ein Ego, gleich ob stark oder schwach, ein integraler und wertvoller Teil des ganzen Menschen.

Wertvoll aus zweierlei Hinsicht:
1) da es dem Menschen, der sich vom Ego dominieren lässt, einmalige Erfahrungen in der Egozentrik ermöglicht und
2) da es dem Menschen, der es versteht, das Ego in den Dienst der Seele zu stellen, große Dienste auf dem Weg zur Vollendung erweist.

Das Ego ist in beiden Fällen eine Triebkraft, die Dinge in Schwung und in Bewegung bringt, da es bestimmte Notwendigkeiten erkennt, die einer Seele fremd sind.

Die Notwendigkeit des körperlichen Überlebens ist einer Seele von Natur aus fremd, dem Ego dagegen sehr vertraut – und so ergänzen sich im Idealfall Ego und Seele und gehen den Weg auf Erden gemeinsam.

JJK: Das heißt, wenn die Rede davon ist, das Ego muss zerstört werden, dann betrifft dies nur Menschen, die die letzten Stufen zu Gott hingehen, die die letzten Einweihungen vor der Erleuchtung durchlaufen?

BABAJI: Es betrifft alle, die die Heimreise zu Gott antreten. Wessen Sehnsucht nach Gott so groß ist, dass er dafür bereit ist, alles hinzugeben, der schaut mit Freude dabei zu, wie sich sein Ego auflöst.

HAT EIN AVATAR EIN EGO?

JJK: Wie ist es, wenn ein Aufgestiegener Meister oder ein Avatar auf dieser 3D-Erde inkarniert? Bringt dieser ein Ego mit? Ich meine, wenn diese Wesenheit in einem anderen Leben Erleuchtung erlangt hat und wieder in die dichte Materie geht, wird da das Ego wieder aktiviert oder mit-geboren?

BABAJI: Dies obliegt den Aufgaben, die der jeweilige Meister auf Erden erfüllen möchte. Eine Verkörperung in dichter Materie bringt immer ein Ego-Bewusstsein hervor.

Hoch schwingende Wesenheiten lassen sich jedoch niemals davon beherrschen. Sobald eine verwirklichte Wesenheit seine Aufträge zu leben beginnt, tritt das Ego gänzlich zurück. Es spielt keine Rolle mehr, da solch ein Mensch anstatt vom Ego vom Überbewusstsein aus agiert.

JJK: Kann ein Aufgestiegener Meister, der erneut zurück auf die Erde kommt und als 3D-Mensch verkörpert, seine Aufträge verfehlen und wieder in das Rad des Karmas zurückfallen?

BABAJI: Ausgeschlossen.

DAS EGO VERSTEHEN

JJK: Das heißt, um nochmals auf das Ego zurückzukommen, die „Zerstörung des Egos" gilt es richtig zu verstehen und nicht falsch zu deuten. Was dann der Fall wäre, wenn jedem Menschen, gleich auf welcher Ebene der Erkenntnis er sich befindet, eingetrichtert wird, das Ego sei schlecht und müsse hinweg?!

BABAJI: Das Durcheinander in der esoterisch-menschlichen Welt bei dieser Frage rührt daher, dass die Zuordnungen nicht stimmen. Was für den Einen gut ist, ist für den Anderen weniger geeignet. Deshalb ist es so wichtig, eine Standortbestimmung zu machen.

Der einzelne Mensch muss wissen, was ihn bewegt, was er zu tun gekommen ist und was seine wirklichen Sehnsüchte sind.

Wer vor Sehnsucht nach Gott überquillt, für den ist die Frage nach der Zerstörung des Egos völlig unbedeutend, da sich dieser Vorgang durch die Transformationsenergie, die ein solcher Mensch bewegt, von selbst und auf ganz natürliche Weise ereignet.

Wer seine Leben auf diesem Erfahrungsfeld noch nicht gelebt hat, für den ist die frühzeitige Zerstörung des Egos fatal, da er sich dadurch schutzlos den destruktiven Kräften dieser Matrix ausliefert.

JJK: Ich habe auch schon Botschaften erhalten, die von der Zerstörung des Egos sprachen. So differenziert, wie in diesem Gespräch, wurde dies jedoch noch niemals gegeben. Warum jetzt?

BABAJI: Da für jene Menschen, die „deine" Übermittlungen lesen, die Zeit jetzt gekommen ist. Jetzt trennt sich die Spreu vom Weizen. Die „Spreu" ist hier weder schlecht noch weniger wert, sondern es geht allein darum, dass jetzt ein jeder Mensch zu einem Punkt gelangt, an dem er Klarheit über sein wirkliches Wollen und seine tatsächlichen Aufträge erhält.

DIE BLASE DER „ESOTERIKER"

Viele „Esoteriker" lebten bisher in einer Blase. Das bedeutet, bei vielen war und ist eine Welt von Licht und Liebe oder ist die Rückkehr zu Gott eine wunderbare Idee, die sie aber tief im Inneren für sich selbst noch nicht umsetzen wollen. Bei vielen „Esoterikern" ist ihr eigenes Leben eine unaufgeräumte Baustelle. Diese Menschen widmen sich viel lieber dem Mitmenschen. Dies erklärt, warum sich heute so viele „Esoteriker" als „Heiler" ausgeben.

Wer ist bereit, bei sich selbst anzufangen? Wer ist bereit, die Bindungen an diese Welt aufzugeben, um in den Himmel einzugehen? Wer möchte dies aus ganzem Herzen? Schau nur, welche Bindungen die Menschen eingehen und wie sie dadurch neue Karma-Ketten erzeugen? Ob jemand ein weltliches oder ein „spirituelles" Leben führt, ist hier von geringer Bedeutung. Wesentlich ist der Grund und sind die Absichten, warum ein Mensch dies oder jenes tut.

INNERE UND ÄUSSERE BINDUNGEN

JJK: **Dann betrifft es ja mich genauso. Denn ich habe eine Bindung zu meinen Freunden, zu meiner Arbeit und vor allem zu meiner Familie?**

BABAJI: Falsch verstanden, Jahn. Hier geht es um innere Bindungen. Viele Meister hatten Familie und einen ganz normalen Platz in der menschlichen Gesellschaft.

Die Frage ist: Kann ein Mensch diese Welt verlassen, wenn die Stunde dafür gekommen ist – frei und in Harmonie übertreten in das Licht? Die Probe auf das Exempel kann jeder in der Mediation machen, indem er diese Situation imaginiert.

JJK: Ich denke, das ist bei mir sicher gegeben. Obwohl, wenn meine Himmelfahrt jetzt anstünde, hätte ich das Gefühl, meine Aufträge noch nicht erfüllt zu haben?

BABAJI: Noch immer nicht ganz verstanden, Jahn. Es ist ein Unterschied, ob jemand aufgrund seiner Aufträge und kosmischen Vereinbarungen seine irdischen Verabredungen annimmt und einhält oder ob jemand diesem Spiel verfallen ist. Bist du abhängig von dem, was dir dieses Leben auf allen Feldern bietet? Deine Seele und das Bewusstsein können darauf eine klare Antwort geben.

JJK: Abhängig als Mensch, nicht aber als Geistwesen.

BABAJI: Und auf das Geistwesen kommt es in diesem Bezug an. In Abhängigkeit leben die, die sich ihrer Geist-Seele nicht einmal bewusst sind.

Abhängig sind und bleiben die, die weder ihre karmischen Geflechte lösen noch ihre Muster, Meinungen, Glaubenssätze und Blockaden hinterfragen wollen. An diesem Punkt ist es unerheblich, ob sich ein Mensch dem irdischen Treiben oder esoterischen Betrachtungen des Lebens hingibt.

FAMILIE ODER AUSSTEIGEN?

JJK: Es ist also okay, dass ich meiner Familie und meinen Aufträgen gegenüber eine Verantwortung verspüre und diese, so gut es geht, auch wahrnehme. Insofern könnte oder wollte ich mich jetzt nicht aus dieser Verantwortung lösen.

BABAJI: *Innere Freiheit hat mit äußeren Bindungen nichts zu tun. Ein Eremit kann der größte Gefangene sein, wenn er sich selbst nicht erkannt hat. „Aussteiger" wechseln meist nur die Ebene in der Matrix und sind nur in den seltensten Fällen Überwinder derselben. Aussteigen heißt immer, aus seinen Fehlprogrammierungen auszusteigen. Ein anderes „Aussteigen" gibt es nicht.*

Ein Familienvater oder eine Mutter finden für das „Aussteigen" aus Fehlprogrammierungen ein optimales Umfeld vor, denn Kinder sind immer der Spiegel eigener noch unerlöster Themen.

Viele Einsiedler wollen genau diese Spiegelungen vermeiden und ziehen sich deshalb zurück.

Im Kern geht es bei allen Bestrebungen des Menschen, gleich ob Eremit oder Familienvater, darum, innere Freiheit zu erlangen.

Jeder Mensch kann sich die Freiheit nur selbst schenken – und der Weg dahin führt von der Zähmung bis zur Auflösung des Egos.

Denkt bitte darüber nach, meditiert dieses Thema und ihr werdet große Schritte in meine Nähe tun.

Ich bin BABAJI
Ich bin mitten unter euch.

Bei Karma geht es immer um die Absicht und nur in seltenen Fällen um eine Tat.

SANANDA

DU SOLLST NICHT TÖTEN?

GESPRÄCH MIT
SANANDA

WER SCHIESST ZUERST?
„SCHULDIMPLANTAT"
„SCHULDIMPLANTAT" IN 3 TAGEN ZERSTÖREN!
VÖLKERWANDERUNG NACH EUROPA
TÖTEN AUS NOTWEHR UND DAS KARMA
DIE NOTWEHR DER VÖLKER
DIE GROSSE REVOLUTION
MIT WELCHEN WAFFEN KÄMPFEN
DEUTSCHLAND IN GRÖSSTER EXISTENZKRISE
DEUTSCHLAND ERHEBT SICH!
DER WEG ZUR SELBSTLIEBE

20. JULI 2017

JJK: *Mich beschäftigt seit geraumer Zeit die Frage, was es mit dem 5. Gebot – „Du sollst nicht töten!" – wirklich auf sich hat.*

„Du sollst" interpretiere ich so, dass wir unter keinen Umständen töten sollen. Dazu passend ist auch das Jesus in den Mund gelegte Bibelwort des Neuen Testaments: *„Wenn dich einer auf die linke Wange schlägt, dann halte ihm auch die andere hin."* (Matthäus 5,39)

Wir werden oder wurden, von wem auch immer, zu Opfern degradiert, die sich unter keinen Umständen zur Wehr setzen dürfen – richtig ist, sich alles gefallen zu lassen, unrichtig oder sündhaft ist, sich zu wehren. Aufstehen gegen das Unrecht oder gegen jene, die es begehen, geht gar nicht. Was stimmt hier wirklich?

WER SCHIESST ZUERST?

Ich selbst versetze mich oft in die Situation, wie ich reagieren würde, wenn jemand mich oder meine Familie körperlich angreifen würde.

Die Frage, „Wer schießt zuerst?", drängt sich auf. Ich muss gestehen, ich würde alles versuchen, um jemandem, der mir, meiner Familie oder meinen Freunden nach dem Leben trachtet, zuvorzukommen.

Diese Gedanken beschäftigen mich insbesondere wegen der Entwicklungen in Europa durch den von der UNO, der EU und Soros betriebenen Bevölkerungsaustausch. Es kommen immer mehr Menschen mit einem enormen Gewaltpotenzial zu uns – und so drängen sich diese Überlegungen förmlich auf. Immer wieder erlebe ich, wenn ich mit meinen Kindern in der Stadt unterwegs bin, merkwürdige Situationen, die leicht eskalieren könnten. Sämtliche Kriminalitätsstatistiken bestätigen diesen Eindruck. Schweden wird nach Einschätzung der Vereinten Nationen (UN), geht es so weiter, bis 2030 ein Dritte-Welt-Land werden[6]: alles aufgrund einer fatalen Politik, die natürlich genauso geplant ist.

Kurzum: Die Einschläge kommen immer näher. Umgangsformen, Meinungen, Glaubensauffassungen und Konflikte, die wir innerlich völlig ablehnen und zurückweisen, brechen in unser Leben ein.

Das Schlachtfeld kommt zu uns, gleich ob wir es wollen oder nicht – und dann: *"Du sollst nicht töten!"*

Was ist bei Notwehr oder bei Verteidigung unserer Kultur, Religion und Lebensweise? Und was hätte dies für karmische Auswirkungen? Oder werden wir, die wir höher schwingen und unsere Schwingung hoch halten, von all dem nicht berührt werden?

SANANDA: Du sprichst einen bedeutsamen Aspekt einer tiefen menschlichen Programmierung an. Diese Programmierung ließ euch zu wehrlosen Opfern verkümmern.

Eingepflanzt wurde dieses Programm den Menschen durch schwarze Magie, die weltweit auf unterschiedliche Weise und durch religiöse Glaubenssätze ihren Ausdruck erhielt und zur Anwendung kam. Was einst licht war, wurde umgeschrieben oder uminterpretiert. Das führte dazu, dass der einzelne Mensch sich nicht mehr auf seine Urinstinkte verlassen konnte und sie allmählich verlor.

„SCHULDIMPLANTAT"

Zusätzlich wurden bestimmte Bereiche der menschlichen DNA durch die Erbsünde mit einem Schuldkomplex überschrieben. Der Glaube an die Erbsünde wirkt energetisch tief in die einzelnen Seelen hinein und weit über christliche Religionen hinaus. Durch dieses „Schuldimplantat" gelang es, dass sich eine dem Menschen weit unterlegene Rasse zu Herrschern über euch aufschwingen konnten. Die Ausprägungen dieser „Politik" könnt ihr heute überall wahrnehmen. Das heißt, insgesamt bricht diese Wahrheit jetzt auf und die Zeit der Geheimhaltung ist vorbei. So viel grundsätzlich dazu.

Zu deinen Fragen, die direkt in Bezug zu den Abläufen auf dieser Zeit-Raum-Ebene stehen, wie folgt:

„Du sollst nicht töten!", ist der „Zeigefinger des Teufels". Richtig ist: „Du wirst alles Leben erhalten."

„Du sollst nicht töten!", löste bei jedem Menschen, der sich gegen erlittenes oder geplantes Unrecht zur Wehr setzen wollte, einen erheblichen Gewissenskonflikt aus.

Seinen Standpunkt zu vertreten, die Angreifer zurückzuweisen oder zurückzuschlagen, wird dadurch sofort zur Gewissensfrage und zu einem inneren Konflikt.
Diese Anschauungen gilt es jetzt zu hinterfragen und alle diesbezüglichen Programmierungen zu löschen. Wodurch?

„SCHULDIMPLANTAT" IN 3 TAGEN ZERSTÖREN!

Indem ihr die geistigen Ebenen des Lichts, allen voran ERZENGEL MICHAEL, mit euren Worten in einer stillen Meditation an drei aufeinanderfolgenden Tagen darum bittet. Danach blickt ihr mit neuen Augen und erwachtem Bewusstsein auf dieses Thema. Fern von Blockaden werdet ihr frei sein, euch in jeder Situation, so, wie es auch die menschlich-göttliche Natur vorgibt, zu handeln.

Menschen mit einem intakten „Schuldimplantat", erkennen in den Tätern Opfer und in Opfern die Täter. Deshalb ist es von großer Bedeutung, dieses Implantat zu entfernen. Es bringt Klarheit und falsche innere Programmierungen werden bereinigt. Dadurch lösen sich falsche Glaubenssätze automatisch und die richtigen Zuordnungen können getroffen werden.

JJK: Dafür eignet sich auch das Symbol CB9 aus dem Erbe von Atlantis[7], fällt mir jetzt ein. Wer diesen Anhänger 90 Tage ununterbrochen trägt, bei dem werden alle Implantate zerstört.

SANANDA: Ein wahrhaftig mächtiges Werkzeug, auf das ein jeder, der dazu in Resonanz geht, zugreifen kann.

JJK: Was ereignet sich nun auf praktischer Ebene, wenn ein Mensch wieder Klarheit erlangt. Wie reagiert oder agiert er, wenn er bedroht wird?

SANANDA: Er agiert und reagiert frei! Darum geht es! Solch ein Mensch kann die Lage und auch eine Bedrohung richtig einschätzen. Seine Wahrnehmung ist nicht mehr verzerrt, sondern klar. Denn genau das ist ein erhebliches Problem in Europa, dass viele Menschen die Auswirkungen dieser Völkerwanderung nicht richtig einschätzen können.

VÖLKERWANDERUNG NACH EUROPA

JJK: ASANA MAHATARI sprach in einer Botschaft für das Buch, DIE ERDE WIRD NICHT ZERSTÖRT [8], davon, dass die Einwanderungskrise jäh enden wird. Könnten wir nicht einfach darauf warten?

SANANDA: Diese Situation wird enden, da ein immer größerer Teil der Menschen in Europa das so will. Es ist der Wille der Menschen, der dies bewirkt, und es ist weniger eine himmlische Intervention.

JJK: Gibt es in dieser Situation Opfer und Täter?

SANANDA: In einer solchen Situation gibt es am Ende immer nur Opfer! Genau das gilt es jetzt zu verhindern, indem ihr innerlich und äußerlich eure Identität als Nation und Volk zum Ausdruck bringt.

Vergesst niemals, wie mächtig ihr seid und welche Veränderungen ihr durch euren Willen manifestieren könnt.

JJK: Was aber, wenn die Einschläge wirklich immer näher kommen und auch jene Menschen, die hoch schwingen, zu einer Abwehr gezwungen werden, da ihr Leib und Leben bedroht ist? Wie sich dann verhalten?

SANANDA: Jeder Mensch, dessen Instinkte nicht verkümmert sind, weiß, wenn er vor solch einer Situation steht, was zu tun ist. Ich sage euch: Es ist Teil eurer Verantwortung, auf eure eigene körperliche Unversehrtheit zu achten; und wem Verantwortung für eine Gruppe von Menschen übertragen wurde, der weiß auch, dieser Verantwortung gerecht zu werden.

TÖTEN AUS NOTWEHR UND DAS KARMA

JJK: Was aber, wenn ich dabei jemanden töte? Habe ich dann schlechtes Karma angesammelt? Muss ich erneut auf dieser Ebene zurück, um dies aufzuarbeiten?

SANANDA: Negative karmische Auswirkungen hat dies auf jene, die euch nach dem Leben trachten und nicht auf die, die ihr Leben schützen! Hier gilt es Klarheit zu erlangen und sich von alten Glaubenssätzen zu befreien. Auch hierbei ist die Entfernung des „Schuldimplantates" sehr förderlich.

JJK: Also die Folgen von Notwehr erzeugen kein negatives Karma?

SANANDA: Welche Umkehrung der Wahrheit. Hier geht es um die Absicht und nicht um die Tat.

Bei Karma geht es immer um die Absicht und nur in seltenen Fällen um eine Tat.

Es existieren schwarze Magier auf diesem Planeten, die mit eigenen Händen noch keinen einzigen Menschen umgebracht haben und an deren Händen dennoch mehr Blut klebt, als an den Henkern sämtlicher Epochen. Verändert ein wenig den Blickwinkel oder weitet ihn, dann werdet ihr viel freier entscheiden und authentischer auf eine Situation reagieren können.

JJK: Was aber, wenn es zu einem Krieg kommt? Wenn Soldaten oder Polizisten ihr eigenes Land verteidigen. Ist dies die „Notwehr des Staates"?

DIE NOTWEHR DER VÖLKER

SANANDA: Die Notwehr alter Völker, die ihr Volksbewusstsein und ihre Volksseele bewahren wollten, unterscheidet sich gravierend von den Kriegen, die heute geführt werden.

Die Soldaten auf den Schlachtfeldern dieser Raum-Zeit-Linie sind Erfüllungsgehilfen der lieblosen Rasse. Diese Tatsache tritt jetzt offen zutage und dadurch nimmt die Bereitschaft, in einen Krieg zu ziehen, bei den Menschen deutlich ab.

Dies ist ein Zeichen dafür, dass das Erwachen auf allen Ebenen der menschlichen Gesellschaft stattfindet.

Auch wenn es vielen zu langsam geht, der Wandel findet jetzt statt. Ein Zurück gibt es nicht mehr.

Auf der anderen Seite ist zu beobachten, dass immer mehr Menschen für ihre Kultur, für ihr Lebensmodell einstehen wollen. Dahinter ist es die Volkskultur und die Volksseele, die sich bemerkbar machen. Die Menschen in Europa bemerken, dass sie ihrer Identität als Mensch und als Seelenaspekt, der sich in einem bestimmten Land inkarniert hat, beraubt werden sollen. Dafür einzustehen, ist jetzt von großem Wert; und einstehen kann man auf unterschiedliche Weise. Es liegt daran, welche Aufträge ein Mensch hat und mit welcher Mentalität er ausgestattet ist.

Nicht ein jeder Mensch ist ein „Krieger". Nicht ein jeder Mensch ist ein „Erdulder". Hier gilt, dass ein jeder seine Rolle wahrnimmt und ausfüllt.

JJK: Also ich würde mich manchmal wirklich gerne mehr öffentlich positionieren. Manchmal ist mir nach einem lauten Aufschreien zumute oder einfach danach, diesem Treiben durch eine weltweite, friedliche Rebellion der Menschheit ein Ende zu setzen.

Wenn ein bestimmter Teil von uns aufsteht, ist es um die Bösewichte geschehen. Aber dann sehe ich, dass ich meine Aufträge auf diese Weise zu erfüllen habe, indem ich Botschaften aus dem Licht weiterreiche, damit die Menschen ihre eigene innere Rebellion abschließen können. Von innen nach außen – das ist es; und so fühle ich mich manchmal als „Krieger" und dann wieder als „Erdulder". Gut, Lichtkrieger bin ich immer.

DIE GROSSE REVOLUTION

SANANDA: **Der Weg des Lichtwelt-Projektes ist klar – und nach jedem Schritt, den ihr setzt, tut sich euch ein neuer Weg auf.**

Die heutige Revolution unterscheidet sich von allen bisherigen Revolten grundlegend – und zwar darin, dass sie zuerst im Inneren des einzelnen Menschen stattfindet. Dadurch wird am Ende des Tages sehr viel Leid vermieden werden und auch das große „Blutvergießen" soll ausbleiben.

Wir alle arbeiten mit aller Kraft und Macht daran, dass es für jene, die Gott und die Menschen lieben, einen milden Übertritt in das Reich des Lichts gibt.
Deshalb behaltet Ruhe.

Steht für eurer Leben ein. Steht für eure Volksseele ein. Geht den Weg des friedfertigen Kriegers und bürdet euch keine Schuld auf, so ihr genötigt seid, euer Leben und das eurer Mitmenschen zu schützen.

Auch wenn am Ende alle Opfer sind, so ist die Unversehrtheit allen Lebens oberstes Gebot in Gottes Schöpfung; und dies schließt eure irdischen Körper mit ein. *„Du sollst nicht töten!"* Durch diese Formel habt ihr das Kämpfen verlernt – und kämpfen heißt, für sich selbst einzustehen.

Richtig zu kämpfen heißt, gewaltlos für sich selbst einzustehen und einen unausweichlichen Kampf nicht zu meiden.

Denn was für die Erzengel und für Heerscharen von Lichtwesen gut ist, ist auch für die Menschen recht: das Lichtschwert.

Wenn vom Lichtschwert die Rede ist, dann ist dies eine handfeste Tatsache, mit der Engel und Erzengel den Mächten der Finsternis entgegentreten – und auf Erden? Auch hier gibt es, wie hier besprochen, Momente und Ereignisse, die einen Menschen oder ein ganzes Volk herausfordern können. Wer seine Aufträge kennt, der weiß, ob und wann er auf Erden zum Lichtkrieger werden muss.

MIT WELCHEN WAFFEN KÄMPFEN?

SANANDA: Mit dem Geist, das ist die größte aller Waffen. Da die meisten Menschen noch nicht in ihrer vollkommenen Geisteskraft stehen, greifen viele Menschen zu anderen Mitteln.

JJK: Die Erzengel kämpfen in der feinstofflichen Welt mit dem Lichtschwert. Womit sollen wir in der grobstofflichen Welt kämpfen?

SANANDA: Abschließend zu diesem Thema sage ich euch: Die richtigen „Waffen" werden jedem Menschen, der im tiefen, liebenden Gottvertrauen handelt, zur rechten Zeit in die Hand gegeben. Bereitet euch darauf vor und schreckt nicht zurück, einen Kampf zu kämpfen, der eurer Menschlichkeit zur Ehre gereicht.

JJK: Gibt es eine Linie, die die Archonten nicht überschreiten dürfen?

SANANDA: Es wurden bereits alle Linien überschritten. Sämtliche Abmachungen mit den lichtvollen Kräften des Seins wurden von der dunklen Rasse, die bisher auf Erden herrschte, gebrochen. Hier gibt es keinen Spielraum für weitere Vereinbarungen mehr.

Die geistigen Lichtebenen des Seins haben ihre ganzen

Anstrengungen darauf verlagert, jenen Menschen, die mit ganzem Herzen ihren Inkarnationszyklus auf dieser Welt beenden wollen, beizustehen und den Übergang dieser Menschen in das Licht mit größter Sorgfalt zu begleiten.

Für die, die sich den dunklen Magiern ergeben haben, ist – von Einzelfällen abgesehen – die Entscheidung gefallen.

JJK: Was also können oder sollen wir tun?

SANANDA: Bereitet euch innerlich darauf vor, dass es für eine kurze Zeit auf dieser Welt drunter und drüber gehen wird. Bleibt innerlich immer an die lichtvolle Wirklichkeit jenseits des Sichtbaren angebunden. Tretet, wenn der Tag kommt, für eure eigene Unversehrtheit und die Unversehrtheit der Menschen, die euch anvertraut sind, ein. Tretet für euer Volk ein. Die Ereignisse werden euch Wege enthüllen und es gibt immer einen Weg.

JJK: Ich habe mir zum Beispiel vor einiger Zeit einige Pfeffersprays besorgt. Zumal ich oft mit meinen Kindern unterwegs bin und sich auf den Straßen Wiens immer eigenartigere Menschen herumtreiben. Oft werden wir beäugt, angesprochen oder auch beschimpft. Ich versuche das von meinen Kindern weitgehend fernzuhalten und diesen Situationen aus dem Weg zu gehen.

So wechsle ich die Straßenseite, meide bestimmte Gassen oder nehme, um öffentliche Verkehrslinien zu umgehen, das Auto oder meinen Motorroller.

SANANDA: Diese Situation wird sich in weiten Teilen jenes Europas, das sich bisher zu passiv verhält, noch zuspitzen. Vor allem das deutsche Volk, auf deren Erwachen es jetzt ankommt, braucht wegen seiner Gutherzigkeit oft sehr lange, um aufzustehen. Dann geschieht dies dafür umso entschlossener und mit großen Auswirkungen.

JJK: Im Negativen wie im Positiven...
Ich meine im Negativen die Nazis, die die ganze Welt kontrollieren wollten und für mich somit die Vorläufer dessen, was jetzt unter der Neuen Weltordnung firmiert, waren; und im Positiven die alten Germanen, die sich vom römischen Imperium nicht erobern ließen und sich selbst unter größten Kraftanstrengungen behaupteten, Stichwort die Varusschlacht (9 n. Chr.). Was zur Folge hatte, dass Kaiser Tiberius im Jahre 16 n. Chr. die Feldzüge gegen Germanien beendet hat.

DEUTSCHLAND IN GRÖSSTER EXISTENZKRISE

Aus meiner Sicht befindet sich Deutschland und das deutsche Volk heute in der größten Existenzkrise seit seinem Bestehen.

Genaugenommen wird der ganze deutsche Sprachraum, mit Österreich und der Schweiz eingeschlossen, von einem großen Angriff heimgesucht.

Es scheint mir, wie wenn wir unsere Sprache, unsere Kultur, unsere Lebensweise, aber vor allem unsere Volksseele verlieren sollen. Wir sollen uns mit anderen Menschen vermischen oder durch andere Menschen ersetzt werden. Die Neue Weltordnung braucht Menschen, die ausreichend klug sind, um zu arbeiten, aber dumm genug, um das System niemals zu durchschauen – eine „Jobbeschreibung", für die die deutsche Volksseele nur wenig prädestiniert ist.

SANANDA: Es ist die größte Existenzkrise für die deutsche Volksseele und sie wird als glorreiche Siegerin daraus hervorgehen. Diese Situation ist von langer Hand geplant und Generationen von Deutschen wurden bis zur Selbstaufgabe dahingehend manipuliert – und auch hier wirken sich „Schuldimplantate" verheerend aus.

Das deutsche Volk jedoch hat noch die zusätzliche Last der Hauptschuld am Ersten und der alleinigen Schuld am Zweiten Weltkrieg zu tragen. Damit wurde der deutsche Volksgeist zersetzt und seitdem ist ein ganzes Volk nicht mehr fähig, gegen erlittenes Unrecht aufzustehen.

DEUTSCHLAND ERHEBT SICH!

Die gute Botschaft aber ist: ***Der Tiefpunkt der Selbstverleugnung bei den Menschen in Deutschland ist erreicht und immer mehr Menschen wachen auf und erwecken andere. Deutschland erhebt sich.***

Wir befinden uns in der Phase, wo sich die spirituelle Lichtflutung der Menschenherzen auszuwirken beginnt – und für Deutschland hat dies besondere Folgen.

Dies deshalb, da die Menschen in Deutschland auf besondere Weise für spirituelle Inhalte empfänglich sind und sich die Menschen in Deutschland auf einmalige Weise dem Göttlichen zuwenden. So, wie sich die Deutschen einem falschen Propheten ergeben, so ergeben sie sich auch dem wahren Licht.

Die Hingabe des deutschen Volkes an eine Überzeugung oder eine Erkenntnis ist immer absolut und ich sage euch: Niemals wieder wird dieses heilige Volk vom Teufel versucht werden oder in die Finsternis, in die es gestoßen wurde und sich stoßen ließ, zurückkehren.

JJK: Diese Botschaft wird wohl bei vielen Menschen Unterschiedliches auslösen. Manche werden bestimmt sagen, hier hat sich aber Jahn's Meinung in das Channeling eingemengt?

SANANDA: Jeder Mensch erkennt nach seinen Fähigkeiten. Jeder Mensch blickt mit seinen Augen auf die Welt – so auch auf alle Botschaften, die der Himmel dir übertragen hat und noch übertragen wird. Die Blumen am Wegrand wachsen, während du vorübergehst. Damit sollst du es bewenden lassen.

JJK: Es gibt also Hoffnung? Wenn ich mir die Menschen auf der Straße so anschaue oder auch noch die Ruhe in Deutschland, Österreich oder der Schweiz, dann zweifle ich oft sehr daran.

SANANDA: Was unter der Oberfläche entsteht, ist Ehrfurcht gebietend. Beachte bitte Folgendes, zuerst gilt es für die Menschen die eigenen Hausaufgaben zu machen: Rebellion dann Revolution. Viele sehnen sich nach dem Neuen und wollen selbst die Alten bleiben. Deshalb führen die geistigen Ebenen des Lichts den Menschen zuerst aus seinem eigenen Gefängnis hinaus. Zuerst gilt es innere Freiheit zu erlangen, dann erst kann die Befreiung der Welt oder die Befreiung des eigenen Volkes in Betracht gezogen werden.

Die „Passivität", die du bemerkst, ist diesem Umstand geschuldet, denn *diese Revolution soll nicht vom Blut der Menschen geschrieben werden, sondern durch den Geist der Menschen entstehen und wachsen.*

Die heute und hier besprochenen „Notwehrmaßnahmen" bedeuten nicht, dass ihr es darauf anlegen sollt. Seid auf alles vorbereitet, jedoch bereitet euch innerlich auf das Kommende am gewissenhaftesten vor.

JJK: Kommen wir den finalen Auseinandersetzungen immer näher?

SANANDA: Wir sind schon mitten darin. Alle Ereignisse, die jetzt von den Dunkelmächten ausgelöst werden, deuten daraufhin. Es kann ihnen nicht schnell genug gehen, um so viele Menschen wie möglich unter ihre Kontrolle zu bringen. Dies bedeutet Fehler in der Planung und begünstig das fortschreitende Erwachen der Menschen.

JJK: Das heißt, die eigene Transformationsarbeit fortzuführen und auf die geistige wie körperliche Unversehrtheit zu achten?

DER WEG ZUR SELBSTLIEBE

SANANDA: Reagiert auf ganz natürliche Weise. Jedem Menschen ist angeboren, dass er sich selbst, seine Familie, seine Gemeinde und sein Volk vor Schaden bewahren möchte. Ob es manipulierte elektromagnetische Waffen sind oder ob ihr direkt mit physischer Gewalt konfrontiert seid, lasst euch eure Instinkte niemals nehmen oder von jemandem geringreden.

Frieden erfordert zwei: Es gibt jedoch Wesenheiten, die ganz auf Krieg und Zerstörung programmiert sind. Beachtet die Tatsache, dass nur die wenigsten Menschen ein geklärtes, hohes und lichtvolles Schwingungsfeld aufweisen; und auf jeder Frequenz herrschen andere Methoden, um Konflikte auszutragen.

Es gibt Wesenheiten, die sich ein konfliktfreies und friedvolles Leben nicht vorstellen können.

Zieht dies alles in Betracht, vertraut in jeder Situation auf die Führung des Himmels und seid euch gewiss: Euch werden die Werkzeuge, die es für euren Kampf braucht, verliehen.

Wer hat den Menschen gesagt, dass ihre Seelen ewig sind und dass sie deshalb ihre Körper nicht beachten müssten?

Ich sage euch: Deine Seele ist ewig und sie beheimatet deinen vergänglichen, irdischen Körper. Beides ist ein lebendiger Teil von dir. Erlaube es niemandem, einem Teil deines Wesens Leid zuzufügen oder Schmerzen zu bereiten.

Geliebter Mensch,

gehe also hin und begegne deinem Körper und deiner Seele mit gleicher Achtsamkeit, Wertschätzung und Fürsorge. Das ist der Weg zur Selbstliebe.
Beschreite ihn mit mir.

Ich bin SANANDA

Jede Erkenntnis hängt von der Sehnsucht nach Erkenntnis ab – und in dem Maße, wie diese ausgeprägt ist, stellen sich Erkenntnisse auch ein.

BABAJI

DER PROPHET IM EIGENEN LAND

GESPRÄCH MIT
BABAJI

EIGENE „LAUNEN" UND „SCHWÄCHEN"
WAS CHANNELN?
TRANSFORMATIONSDRUCK STEIGERT SICH!

13. SEPTEMBER 2017

JJK: Warum haben es „Propheten im eigenen Land"
so schwer? Ich erlebte es bereits als Kind und auch
jetzt immer wieder, je näher mir Menschen sind, desto
weniger können sie mit den „Offenbarungen", die ich
ihnen geben kann, anfangen. Ist jemand jedoch weit
entfernt oder zöge ich in ein anderes Land, würde sich
dies ganz anders darstellen. Aus meinen früheren Leben
trage ich diese Erfahrung mit in dieses Leben hinein.
Es ist ein Wissen um die Natur dieser „menschlichen
Verhaltensweisen" – aber warum ist das so? Warum
können Menschen, die mir nahe sind, scheinbar am
wenigsten von dem, was mich ausmacht, profitieren?

BABAJI: Klarheit auf allen Ebenen – und jetzt ist die Zeit
dafür gekommen!

*Jeder Mensch kann immer nur das Erkennen, wozu
er aufgrund seiner Seelenentwicklung in der Lage
und wozu er aufgrund seines Willens bereit ist. Jede
Erkenntnis hängt von der Sehnsucht nach Erkenntnis
ab – und in dem Maße, wie diese ausgeprägt ist, stellen
sich Erkenntnisse auch ein.*

Das heißt für diese von dir vorgetragene Frage:
*Menschen, die dir sehr nahestehen, werden jede
Offenbarung, die sie selbst beträfe, und wodurch sie
ihr Verhalten abändern müssten, deinen unerlösten
Themen zuschreiben.*

Es ist der einfachste Weg, um bei sich selbst nichts zu verändern.

EIGENE „LAUNEN" UND „SCHWÄCHEN"

Deine „Launen", mentalen oder emotionalen „Schwächen" und dergleichen mehr werden somit in einen falschen Kontext gestellt. Das ist bequem und erfordert folglich kein weiteres Nachforschen im eigenen Sumpf.

JJK: Launen und eigene unerlöste Themen können ja in der Tat wirksam sein, wenn ich zum Beispiel jemanden in meinem Umfeld zurechtweise oder diesem Menschen auf meine direkte Weise Klarheit verschaffe?

BABAJI: Launen – niemals! Da jeder spirituelle Lehrer Launen als Mittel, um bei einem Schüler ein bestimmtes Ergebnis zu erzielen, einsetzt. Schließlich gibt es immer Gründe für eine spezielle Laune der menschlichen Natur. Solange diese „Launen" einem geklärten, inneren Wesen entspringen, besteht keine Gefahr. Launen, die einer Willkür gleichen, haben eine andere Schwingung und sind weder hier noch in dem Bereich, den wir hier besprechen, das Thema.

Ein weiterer Irrtum ist, dass ein „Prophet" alle seine eigenen Themen erlöst haben müsste, um sein Amt auszuüben.

Was vorliegen muss, ist eine hochgradige innere Verwirklichung, geöffnete spirituelle Kanäle und die Bereitschaft, niemals auf dem Weg stehen zu bleiben.

JJK: Aber wie sollen das die Menschen in meinem Umfeld bei mir erkennen?

BABAJI: Jeder erkennt es aufgrund seiner eigenen Erkenntnisfähigkeit und jedem, dem es genehm ist, dienen deine „vermeintlichen Schwächen" als willkommene Ausrede, um sein gewohntes Leben weiterzuführen.

Ein Prophet in der Heimat wird auf dieser Ebene des Seins von den Menschen nur schwer erkannt. Deshalb verlassen viele dieser Menschen ihr Umfeld, in dem sie geboren wurden.

JJK: Manchmal denke ich mir, wenn ich da oder dort ein echtes Wunder wirken könnte, wäre es leichter?

BABAJI: Irrtum – Jahn! Wunder bewirken nur dort eine Erkenntnis, wo das Bewusstsein dafür geöffnet ist. Ein Mensch, der die „Wunder", die du bereits vollbringst, nicht erkennen kann, der ist kaum geeignet dafür, jene Wunder, von denen du hier sprichst, wahrzunehmen. Es ist das Eine, ein Wunder zu sehen oder dieses auf geeignete Weise mit seinem eigenen Leben in Verbindung zu bringen.

Die Antwort auf dieser Frage ist immer die eine: Wer mit aller Kraft und tiefer innerer Sehnsucht nach Selbst- und Gotteserkenntnis strebt, wird jede Gelegenheit dafür nutzen. Dieser Mensch wird die Nähe des Lichtes als Gelegenheit erfahren und seine eigenen unerlösten Themen niemals anderen zuschreiben.

WAS CHANNELN?

JJK: Wann channelt jemand das Unterbewusstsein und wann ist es sauber, heißt, wann ist es das Überbewusstsein, das bei einem Menschen ganz im göttlichen Sinne zu Werke geht?

BABAJI: Das eigene Unterbewusstsein channelt jeder Mensch auf die eine oder andere Weise. Spirituelle Botschaften sind immer an der Schwingung zu erkennen. Botschaften aus dem Unterbewusstsein sind wie Tagebucheintragungen, Botschaften aus dem göttlichen Selbst hören und fühlen sich wie Botschaften aus einer anderen, lichteren Welt an.

Nicht aber für jeden! Das heißt, auch hier gibt die eigene Entwicklung den Ausschlag. Was erkannt werden kann, liegt immer in der Verantwortung und der Seelen-Inschrift des Einzelnen. Immer!

JJK: Was ist der bessere Weg – Dinge, die ich wahrnehme, offen zu sagen oder sie für mich zu behalten, so ich merke, dass sie kaum auf fruchtbaren Boden stoßen werden und damit nur Unannehmlichkeiten verbunden sind? Wenn ich merke, dass ein grundlegendes Verständnis fehlt, dann die „Stopp-Taste" drücken oder die „Go-Taste"?

BABAJI: Von Fall zu Fall gilt es hier die richtige Entscheidung zu treffen. Wichtig bei all dem ist, dass du dich selbst niemals blockierst. Deine Energie muss – auch wenn sie den Menschen manchmal zu viel wird und wenn sie es nicht sofort verstehen können – immer direkt und frei zu den Menschen fließen. Das heißt nicht, dass du alles, was du für eine Heilung als notwendig erachtest, sofort präsentierst. Jedoch ist es oft besser, über das Ziel hinauszuschießen, als das Ziel gar nicht in Angriff zu nehmen.

Oftmals, und das ist von besonderer Bedeutung für absolut JEDE spirituelle Entwicklung, ist ein Schock das einzige Heilmittel, damit ein Mensch aus seiner Starre hinausbefördert wird.

Bedenke bitte – auch wenn die Menschen kaum wissen, was Transformation bedeutet und welchen Einsatz dies erfordert – durch einen gezielt vermittelten „Schock" erhalten Menschen Lichtblitze und Lebenswege verändern sich zum Positiven.

JJK: Ist ja auch interessant, dass aus Wien doch relativ wenige Menschen auf den Lichtweltverlag aufmerksam geworden sind. Einerseits erleichtert uns das die alltägliche Arbeit, andererseits ist es dennoch verwunderlich, da wir ja hier unser Zentrum haben.

BABAJI: Die Nähe zum Licht verlangt von den Menschen eine Entscheidung – Transformation oder Stagnation. Viele nehmen die Füße in die Hände und laufen davon…

JJK: Somit haben es jene Menschen, die entfernt leben, leichter, aus unserer Arbeit Nutzen zu ziehen?

BABAJI: Nur auf den ersten Blick. Es ist anders und bestimmte Entscheidungen werden später getroffen.

Wichtig zu verstehen ist, dass die Nähe zu einem lichtvollen Menschen oder einem lichtvollen Wirken eine sofortige Entscheidung einfordert, während die Entfernung diese Entscheidung aufschieben kann. Die Nähe zum Licht ist immer die Chance, sofort aus alten Denk- und Handlungsweisen auszusteigen. Diese Nähe wird jedoch von den meisten Menschen nicht dafür genutzt, da sie ihr eigenes Leben nicht wirklich verändern wollen. Das ist der Punkt und das ist für jeden Menschen, der dem Licht begegnet, irgendwann der Punkt.

JJK: *Bin ich wirklich ein Prophet?*

BABAJI: *Du bist ein von und durch Gott Berufener. Du weißt es und du zweifelst noch daran, wenn dir Menschen zweifelnd begegnen. Dies wird sich in den kommenden Wochen radikal umstellen und du wirst eine neue Ebene deiner Kraft erreichen.*

TRANSFORMATIONSDRUCK STEIGERT SICH!

JJK: Was geschieht derzeit auf dieser Erde. Ich habe den Eindruck, dass die spirituelle Lichtflutung des Planeten gravierend zunimmt. Dadurch werden die Menschen jetzt gezwungen, ihre Transformationsarbeiten anzufangen oder fortzuführen – und wer dies vernachlässigt, so nehme ich es wahr, wird plötzlich abberufen werden und diese Erde verlassen müssen. Ein unglaublicher „Transformationsdruck" baut sich auf, den viele Menschen nicht ertragen. Ich habe in den letzten Tagen immer das Bild in mir, dass – fern von Kataklysmen – kerngesunde Menschen plötzlich sterben und von dieser Welt genommen werden. Es sind sehr viele, die einfach völlig überraschend gehen werden... Stimmt meine Wahrnehmung?

BABAJI: Dieser Prozess ist in vollem Gange. Der Umbau der Welt bringt energetische Veränderungen mit sich, denen der menschliche Körper und die menschliche Psyche gewachsen sein müssen.

1/3 der Menschheit wird diese Erde bald verlassen und jede dieser Seelen wird ihr Heil – der göttlichen Vorsehung und Gnade gemäß – finden.

Es ist dir und allen Menschen, die Einblick in das Wesen der Dinge erhalten wollen, verkündet!

Licht, das sich offenbart, wird erkannt oder gemieden. Für das Licht selbst ist das „gleich-gültig"; und diese „Gleich-gültigkeit" zu verinnerlichen, das ist Teil deiner Arbeiten für die kommenden Tage und Wochen: mit Liebe alles anzunehmen und dennoch in aller Klarheit den Weg zu vollenden.

Geliebte Menschen,
gehet hin und tut es allen, die vor euch diesen Weg beschritten haben, gleich. ***Denn am Ende zählt nicht die Anzahl der „Bekehrten", sondern der Einsatz für das Göttliche auf dieser Welt.***

In unendlicher Liebe

BABAJI

Vergebung heilt alles – und zuerst
dein eigenes Herz.

ASANA MAHATARI

VERGEBUNG HEILT DEIN HERZ

GESPRÄCH MIT
ASANA MAHATARI

VERGEBUNG IST DIE LÖSUNG

19. SEPTEMBER 2017

Jeder Akt der Vergebung erleichtert und heilt die Herzen jener, die vergeben und denen vergeben wird. Daher nutzt jede Gelegenheit dafür.

Ich bin ASANA MAHATARI

JJK: Vor wenigen Tagen habe ich Einblick in ein Leben von mir erhalten, in dem ich ein dunkler und sehr mächtiger Priester auf Atlantis war. Heute bot sich mir die Gelegenheit jemandem, der in diesem Leben seine „dunkle Priesterschaft" auslebt und mir sehr viel Unheil bereitet hat, zu vergeben. Ein eindringlicher Traum brachte mich auf diesen Weg und wo ich bisher vor allem wütend war, konnte ich heute Mitgefühl empfinden. Wenn ich bedenke, dass wir alle alles waren und jede Rolle (bösartig wie lichtvoll) in diesem Spiel auf Erden einnahmen, so gibt es keinen Grund, jemandem dauerhaft böse zu sein.

ASANA MAHATARI: *Es liegt alles in Gottes Hand und es liegt an uns, ob wir uns durch diese Hand führen lassen und wann wir diese Hand ergreifen.*

Hier sind die Ereignisse in göttlicher Präzision zusammengeführt und so geschieht es, dass deine Vergebung dich selbst heilt und für den Betroffenen eine Heilung in Aussicht stellt. Es ist niemals zu spät umzukehren.

VERGEBUNG IST DIE LÖSUNG

für alle Konflikte, die in der Vergangenheit waren, in der Gegenwart sind und in der Zukunft sein werden. Vergebung heilt alles.

JJK: Sollten alle Menschen mehr vergeben und weniger nachtragend sein? Wann ist es notwendig? Und gibt es Gründe, nicht zu vergeben?

ASANA MAHATARI: *Vergebung ist immer ein Geschenk, das jene Menschen überreichen, die sich ihrer eigenen Stärke und Liebe bewusst sind. Vergebt jedem alles und das – bedingungslos.*

Es gibt niemals Gründe, keine Vergebung zu üben. Was jedoch existiert, sind bestehende seelische Verwundungen, die den Akt der Vergebung unmöglich machen.

Deshalb seid euch versichert: Wenn ihr eingeladen seid zu vergeben, wenn sich euch die Situation dafür klar zeigt, dann seid ihr dafür aus ganzer Seele auch bereit. Somit nutzt diese Gelegenheiten und verharrt niemals in Bitterkeit, Unnachgiebigkeit oder in verletztem Stolz.

Das ist die Botschaft des heutigen Tages. Reiche sie an alle Menschen weiter.

Vergebung heilt alles – und zuerst dein eigenes Herz.

Ich bin die Liebe und das Licht,
die Wahrheit und das Leben.

Ich bin, was du bist.

Ich bin ASANA MAHATARI

Ist ein Ende in Sicht,
sobald jemand mit seiner
Transformationsarbeit beginnt?
Nein. Denn alles Leben ist
Transformation und bedeutet
Veränderung.

BABAJI

WOHER RÜHRT DIE ANGST VOR VERÄNDERUNGEN?

GESPRÄCH MIT
BABAJI

ZIVILISATION AUF MESSERS SCHNEIDE?

09. OKTOBER 2017

JJK: Warum haben die meisten Menschen solche Ängste vor Veränderungen?

BABAJI: Aufgrund von hinderlichen inneren Programmierungen.

JJK: Wie können die Menschen diese ablegen und ist, wenn jemand damit beginnt, jemals ein Ende in Sicht?

BABAJ : Das Ablegen hinderlicher Konditionierungen kann jeder, der sich mit seiner emotionalen und mentalen Welt auseinandersetzt. Wer sich vor den eigenen Themen drückt, der kann niemals wachsen. Wer aber kann sich selbst „auseinander-setzen", damit er sich dann „wieder zusammen-setzen" kann? Der, der diese Matrix infrage stellt – und das sind Wenige.

Ist ein Ende in Sicht, sobald jemand mit seiner Transformationsarbeit beginnt? Nein. Denn alles Leben ist Transformation und bedeutet Veränderungen.

Wandel ist jedem Wesen und allem Leben eingewebt und alles gehorcht dem Prinzip ständiger Veränderung. Selbst die Erleuchtung ist nicht das Ende einer Entwicklung, sondern der Anfang neuer kosmischer Erkenntnisse und individueller Prozesse. Das Ende, menschlich gedacht, ist, wenn du in die Urquelle allen Lebens zurückkehrst und vollkommen von ihr absorbiert bist.

ZIVILISATION AUF MESSERS SCHNEIDE?

JJK: Ich habe momentan den Eindruck, diese menschliche „Zivilisation" steht auf Messers Schneide?

BABAJI: Es ist der größte Umwandlungsprozess, der jemals auf Erden im Gange war, der in dir dieses Gefühl von „Ungewissheit" hervorruft. Und tatsächlich, es gibt viele Optionen, die diese Erde und die Menschheit in Erwägung ziehen.

Entscheidend ist, dass die einzelnen Menschen, es müssen nicht viele sein, erwachen und aus dieser Matrix austreten. Es geht darum, den Wandel mit ausreichend lichtvoller und friedfertiger Energie anzureichern, dann nimmt alles seinen guten Weg.

Es ist spannend, es bleibt spannend, jedoch der Ausgang ist trotz aller Einwände und menschlicher Bedenken gewiss:

Die Erde wird erhoben und alle Menschen – die die Lichtschwingung halten, die das Friedensreich im Inneren errichtet haben und als Leuchttürme auftreten – werden mit der Erde aufsteigen.

Der Aufstieg findet statt. Dafür ist der Einstieg des Einzelnen in sein Innerstes notwendig.

Dies ist die einzige Bedingung, die erfüllt sein muss, damit sich alles, was euch angekündigt ist, erfüllen kann.

So zögert also keinen Augenblick, wenn ihr aufgefordert seid, euer Inneres mit Licht zu erfüllen.

Ich bin mitten unter euch.

Ich bin der Anker für die Seelen, das Licht für die Suchenden und die Wahrheit für die, die sie begrüßen.

Ich bin BABAJI

Sorgt euch um keinen Menschen, der diese Erde verlässt, es ist für jeden und alles gesorgt.

ERZENGEL URIEL

DEIN SCHICKSAL

GESPRÄCH MIT
ERZENGEL URIEL

DER LANGE SCHATTEN

12. OKTOBER 2017

„Du bist, was dein tiefes, treibendes Begehren ist. Wie dein Begehren ist, so ist dein Wille. Wie dein Wille ist, so ist dein Tun. Wie dein Tun ist, so ist dein Schicksal."
BRIHADARANYAKA IV.5 (Upanishaden)

INTERPRETATION JJK: Das heißt, all mein Tun entspringt dem „Begehren", und begehrt wird, was es in einem bestimmten Leben zu erfahren gilt. Das heißt weiter, wenn das „Begehren" voller Sehnsucht nach Gott ist, lösen sich die Schicksalsschleifen und das Karma auf. Die Erleuchtung ist nahe. (INTERPRETATION ENDE)

ERZENGEL URIEL: Richtig. Hinzugefügt wird – nicht alle Menschen wissen, was sie in einem bestimmten Leben wirklich „begehren" sollen. So driften das Wollen und das Sollen oft gefährlich auseinander und erzeugen dadurch unharmonische Schicksale, Dramen und Leid.

JJK: Niemand kommt auf diese Erde, um Schmerzen zu erleben, und dennoch ist diese Welt voller Leid und Schmerz. Wie ist das möglich?

ERZENGEL URIEL: Da die Menschen den Bezug zu ihrem eigenen Seelenplan verloren haben und mal von da nach dort wanken, bis sie liegen bleiben.

JJK: Wie konnte das geschehen?

DER LANGE SCHATTEN

ERZENGEL URIEL: Durch die intensive Einflussnahme dunkler Wesenheiten, die einen großen Schatten über die Seelen der Menschen legten. Dadurch konnten die Menschen nicht mehr sehen, wer sie sind, was sie wirklich wollen und wie dies zu bewerkstelligen sei.

JJK: Warum haben wir in eine solche Existenz eingewilligt? Schließlich scheint einiges aus dem Ruder zu laufen?

ERZENGEL URIEL: Ihr habt entschieden, dem dunklen Treiben auf dieser Erde ein Ende zu bereiten. Ihr habt gewählt, aus eigener Kraft den langen Schatten zu durchbrechen und von euch zu nehmen. Und ihr habt erreicht, dass dieser Plan jetzt umgesetzt wird. Mit großem Erfolg und mit einem heilvollen Ausgang…

JJK: Das heißt, sobald die dunklen Kräfte, sobald Satan gebannt ist, wird das Licht durchbrechen und die Menschen werden erwachen. Meine Frage ist: Warum müssen so viele Menschen die Erde davor verlassen? Viele Botschaften weisen darauf hin…

ERZENGEL URIEL: Da die meisten Menschen unter diesen Umständen, jetzt, da diese Kämpfe im Gange sind und noch andauern, nicht erwachen können.

Je mehr ihr versucht, den Schatten zu durchbrechen, desto beharrlicher drängt er sich in euer Leben. Diese Gegenbewegung dauert so lange an, bis der kritische Punkt erreicht ist und mit einem Mal alles in sich zusammenstürzt.

Diese Matrix wird in einer anderen Form auf einer anderen Ebene weiterexistieren. Hier an diesem Ort der Schönheit und auf dem Planeten der Liebe, der heiligen Mutter Erde, hat diese keinen Lebensraum mehr.

Die Menschen, die diese Erde verlassen werden, haben ihre Aufgaben als Lichtträger entweder erfüllt oder sie werden mit der destruktiven Matrix auf eine andere Ebene des Seins „verschoben". Nur jene Menschen, die mit den Aufträgen ausgestattet und mit dem inneren „Begehren" dafür beseelt sind, werden in „Echtzeit" den Wandel hier und jetzt erfahren.

Sorgt euch um keinen Menschen, der diese Erde verlässt, es ist für jeden und alles gesorgt.

Mit dieser Botschaft lade ich dich ein, dein Innerstes zu erforschen und es zu betreten.

Damit du deine Ursehnsucht nach Gott stillen kannst, darf der lange Schatten keine Macht mehr haben über dich.

Dann kann sich dir dein einziges „Begehren" enthüllen:
die Vereinigung mit der Urmutter allen Seins – Gott.

Ich bin das Licht Gottes und ich erwarte dich.

ERZENGEL URIEL

Die „Bundeslade" beinhaltet universelles Wissen, das die Quelle allen Seins, Gott, der ganzen Menschheit übertrug – nicht einzelnen Menschen, sondern ALLEN Menschen!

MEISTER ST. GERMAIN

WISSEN DER TEMPLER WIRD 710 JAHRE SPÄTER ENTHÜLLT!

GESPRÄCH MIT
MEISTER ST. GERMAIN
(EMPFANGEN 710 JAHRE SPÄTER,
AM 13. OKTOBER 2017)

FREITAG, DER 13. OKTOBER 1307
ZURÜCK IN DIE ZUKUNFT
DIE „BUNDESLADE"
BLOCKADE WIRD DURCHBROCHEN, SCHOCKS
WERDEN GELÖST!

13. OKTOBER 2017

FREITAG, DER 13. OKTOBER 1307

JJK: Es ist der 13. Oktober 2017. Heute vor genau 710 Jahren, am Freitag, den 13. Oktober 1307, wurde der Templerorden gewaltsam ausgelöscht. Wie wirkt sich dieses Verbrechen auf die heutige Zeit aus?

MEISTER ST. GERMAIN: Ich bin heute und ich war damals mitten unter euch!

Worum es geht, ist, dass die Templer geheimes Wissen allen Menschen zugänglich machen wollten. Die Macht der etablierten Kirche, die die Menschen unterdrückte und von wahrer Gotteserkenntnis fernhielt, wäre mit einem Schlag gebrochen worden. Damals galt es ein neues Machtgefüge in Europa zu installieren und das schwarzmagische Treiben der vorherrschenden Priesterschaft zu beenden. Das kosmische Wissen von uns Templern und die Kenntnis von der Geometrie Gottes verliehen uns die Macht, die Deutungshoheit der Kirche zu brechen. Wir standen kurz davor und wurden von den Ereignissen jenes Tages völlig überrascht.

Was waren und sind die Auswirkungen?
Wissen, das die Menschheit befreien sollte, wurde verborgen und bis heute wird dies unter Verschluss gehalten, Wissen, das jeden Menschen zum Schöpfer seines eigenen Lebens aufsteigen ließe und das die

Freiheit jedes Einzelnen bewirkte:
- Krankheiten existieren nicht – alle Menschen sind gesund und vital.
- Mangel, gleich welcher Art, ist den Menschen unbekannt – Existenzängste gibt es nicht.
- Wissen wird inter-dimensional und auf telepathischer Ebene vermittelt und lebenslang erweitert – ein wahrlich anderes Lernen.
- Konflikte werden freundschaftlich und verständnisvoll bereinigt – Kriege sind nur noch in den Geschichtsbüchern nachzulesen.

Dieser Art sind, sobald dieses Wissen freigelegt ist, die Veränderungen und sie sind fundamental.

Jede Ausbeutung durch Zweite oder Dritte ist eine Unmöglichkeit, wenn sich die Menschen ihrer eigenen Macht und Kraft bewusst werden.

Und die Werkzeuge dafür hatten wir damals in der Hand.

ZURÜCK IN DIE ZUKUNFT

Heute kehren wir in diese Zukunft zurück. Nach und nach werden der Menschheit diese Werkzeuge übermittelt. Sie werden euch dargereicht.

JJK: Ist das „Erbe von Atlantis" ein Teil davon?

MEISTER ST. GERMAIN: Ja, ein erheblicher Teil davon.

JJK: Warum wird uns das „nach und nach" und nicht alles sofort gegeben?

MEISTER ST. GERMAIN: Da die „Gegenbewegung" zu stark wäre, einerseits, und da die einzelnen Menschen einen bestimmten Reifegrad erreichen müssen. Missbrauch muss ausgeschlossen sein, denn die Werkzeuge des Himmels dürfen niemals zu Waffen, die egoistische Motive bedienen, umfunktioniert werden.

DIE „BUNDESLADE"

JJK: Hat die „Bundeslade" des Alten Testamentes was damit zu tun?

MEISTER ST. GERMAIN: Die „Bundeslade" steht sinnbildlich für die Bewahrung ursprünglichen göttlichen Wissens – ein Wissen, das vor den Menschen über Jahrtausende verborgen wurde, wodurch es der kalten Rasse möglich war, die ganze Menschheit zu unterjochen.

Die Templer wussten dies und waren im Besitz dieses Wissens – der „Bundeslade".

Darum geht es in allen Geschichten und Parabeln, die sich um dieses Geheimnis ranken.

Die „Bundeslade" beinhaltet universelles Wissen, das die Quelle allen Seins, Gott, der ganzen Menschheit übertrug – nicht einzelnen Menschen, sondern ALLEN Menschen!

Ein Wissen, das den Menschen zu dem macht, was er ist.

Es sind Kenntnisse, wodurch die Erde und alles, was auf ihr lebt, der ursprünglichen Bestimmung gerecht werden kann.

Heute befinden wir uns am Weg zurück dahin. Die Dinge werden in die ursprüngliche Ordnung zurückgestellt und die Schatzkammern des Wissens werden euch in diesen Tagen offenbart.

Die damalige Auslöschung des Templerordens wirkte bis in die heutige Zeit hinein und brachte zweierlei hervor:

1) Eine kollektive Angst der Menschheit, sich mit der Wahrheit auseinanderzusetzen
2) Individuelle Ängste der Menschen, eigene Aufträge, die mit dieser Wahrheit zu tun haben, zu leben

BLOCKADE WIRD DURCHBROCHEN, SCHOCKS WERDEN GELÖST!

Das heißt, eine große Blockade wurde durch das Schockerlebnis des 13. Oktober 1307 auf zellularer Ebene des Menschen installiert.

Der „Freitag der 13." als schlechtes Omen weist in eurem Sprachgebrauch darauf hin.

Viele Transformations- und Heilungsarbeiten der vergangenen Jahrzehnte hatten zum Ziel, diese Schocks und Blockaden aus euren Herzen zu lösen – euch für die Wahrheit zu öffnen und für den Aufstieg „fit" zu machen; und in diesem Prozess sind wir heute so weit fortgeschritten, sodass dieses verborgene Wissen nicht mehr länger verheimlicht werden kann.

Es gibt Anlass zur Freude, von nun an geht es in immer schnellerer Geschwindigkeit dem Lichte und der Wahrheit entgegen.

Geliebte Menschen,

hört: Alles gelangt an das Licht Gottes. Alles zeigt sich und alle Ängste lösen sich, da ihr beginnt, diese zu begreifen.

So lade ich dich ein, noch tiefer in dein eigenes
Mysterium einzudringen.

*Erwirb dir die Fähigkeit, deine Ängste zu verstehen.
Bekämpfe sie nicht, sondern verstehe sie. Nur dadurch
können sie weichen. Der Mörtel, der die dicken
Mauern, die dir den Zutritt zu dir selbst verwehren,
zusammenhält, sind Ängste.*

Unterschiedliche Ängste, eingelagert in deinen
Zellen – beginne bitte noch tiefer in dieses Geheimnis
einzudringen, bis du vom Lichte durchdrungen bist und
jede einzelne Angst verstanden hast.

Befindest du dich immer noch auf der Stufe, wo du
generell alle Ängste leugnest, dann betrifft dich diese
Botschaft umso mehr!

*Es geht nicht darum, keine Ängste zu haben, sondern
die Ängste, die da sind, zu verstehen!*

Denn es sind die Ängste, die dich vom Lichte fernhalten –
und das Verständnis darüber bringt dir die Freiheit.

*Deine Sehnsucht nach Menschlichkeit wird in dem
Moment gestillt, in dem du dem Göttlichen, dem Lichte
in dir, unbefangen und mit der Unschuld eines Kindes
begegnen kannst.*

Mach dich auf den Weg, denn die Begegnung mit dir selbst erwartest du seit Äonen.

In unendlicher Liebe
MEISTER ST. GERMAIN

EPILOG:
Nachdem ich diese Botschaft erhielt, erinnerte ich mich an einen Traum, den ich am 6.5.2017 hatte. Ich befand mich auf der „Neuen Erde", hatte einen Zeitsprung gemacht und die Zahl 710 kam darin vor.

Hier Auszüge aus dem Traum die Zahl 710 betreffend:

TRAUM 6.5.2017: *Nach einem Besuch bei einem Freund verlasse ich dessen Haus. Als ich vor die Tür trete, kommt mir die Umgebung verändert vor, wenngleich bekannt und vertraut. Ich mache mich auf den Heimweg und je länger ich gehe, desto mehr Veränderungen nehme ich wahr. Vor allem die Häuser sind alle in Holzbauweise gefertigt – und es umgibt mich eine angenehme Stille und ein etwas unwirklich anmutender Frieden. (...)*

Ich registriere, dass diese Menschen in einer ganz anderen Zeit leben. So frage ich nach dem Datum und Jahr. Ein sehr freundlicher Mann stellt sich zu mir, scheinbar der Hausherr, und er zeigt mir seine Armbanduhr.

Die Stunden werden mit Ziffern angezeigt und im Datumfenster an der dritten Position steht die Zahl 710. Ich frage, was dies bedeute. Daraufhin erklärt mir der Mann, dass wir das Jahr 710 haben. Ich frage, warum das Jahr und nicht der Tag in diesem Datumsfenster angezeigt wird, daraufhin er: „Da ein Jahr bei uns nur 10 Monate dauert."
(AUSZUG ENDE; siehe AUF DER NEUEN ERDE, S. 59 ff)

JJK 13.10.2017: Bisher war mir nicht klar, in welchen Kontext die Jahreszahl 710 noch zu stellen war. Nach dem heutigen Gespräch jedoch wird das Bild vollständig. Wir haben das Jahr 710 nach der Auflösung des Templerordens erreicht und kommen somit auf der Neuen Erde an. Somit beginnt jetzt eine neue Zeitrechnung, ein neues Zeitalter. Die Neue Erde wird Wirklichkeit und das kosmische Wissen der Templer wird uns offenbart. Ist diese meine erweiterte Interpretation des Traums richtig?

MEISTER ST. GERMAIN: In der 7 gelangt alles zur Reife. In der 1 findet alles seinen Beginn und in der 0 ist die Unendlichkeit Gottes beschrieben. Die Quersumme der 8 weist auf die neue Dynamik im Wandel hin.

Ja, in der Tat, 710 Jahre nach der Auflösung des lichtvollen Templerordens dringt das verborgene Wissen an das Licht der Weltöffentlichkeit – und es verwandelt den Menschen und die Menschheit.

Damit schließt sich ein großer Kreis – und es öffnet sich eine Neue Welt für alle.

Freut euch! Das Jahr 710 einer neuen Zeitrechnung ist erreicht. Entscheidende Enthüllungen und große Offenbarungen stehen bevor.

Ich liebe euch unendlich

MEISTER ST. GERMAIN

Den Tag und die Stunde
kennt allein Gott.

MEISTER HILARION

ALLES NUR GETRÄUMT?

GESPRÄCH MIT
MEISTER HILARION

DER STURM
REALITÄT UND WIRKLICHKEIT
WELTUNTERGANGSÄNGSTE – ODER
WIE LANGE NOCH?

20. OKTOBER 2017

DER STURM

TRAUM: *Ein unglaublicher Sturm braust auf. Unser Wohnhaus (wir wohnen im 4. Stock) neigt sich gefährlich zur Seite, bis es schließlich am Boden liegt. Ich erwarte jeden Moment die Zerstörung und unseren Tod. Plötzlich nehme ich meine Familie und mich aber wieder im Haus wahr – nur auf einer ganz anderen Welt. Es scheint, als ob wir unbeschadet mit dem ganzen Haus auf eine neue Ebene gebeamt worden wären.* (Ich wache auf.)

JJK: Interessant ist, dass ich seit Jahren viele ähnliche Träume habe, die mich eine große Katastrophe überstehen lassen. Es sind Träume, die den Wechsel von dieser auf eine Neue Erde beschreiben. Warum wird mir dies so regelmäßig eingespielt?

MEISTER HILARION: Die Heilungen in euren Herzen bewirken, dass sich die Umbrüche harmonisch gestalten werden. Deine Traumbilder sind das Resultat einer stattgefundenen und stattfindenden Transformation, wodurch die Nähe zu Dramen abnimmt und eine harmonische Realität erzeugt wird. Dies hat zur Folge, dass sich der Übertritt in das Goldene Zeitalter auf diese geträumte Weise ereignen kann und wird.

Deine Träume sind nicht nur für dich und deine Familie von Bedeutung, sondern für alle Menschen, die mit ganzer Kraft ihre inneren Verwundungen heilen und dadurch für die Dramen dieser Matrix nicht mehr anfällig sind.

REALITÄT UND WIRKLICHKEIT

JJK: Das heißt, diese Träume sind „real"?

MEISTER HILARION: Real ist, was ein Mensch als Realität erschafft. Es gibt keine einzige Realität, sondern so viele Realitäten, wie es Menschen gibt. Nur wer vollkommen mit dem göttlichen Lichte eins ist, der betritt die Wirklichkeit Gottes – und diese existiert jenseits der von Menschen erschaffenen „Realitäten". Die Antwort auf deine Frage ist einfach und klar: Ja, Träume werden real und die Realität wird in Träumen sichtbar gemacht.

WELTUNTERGANGSÄNGSTE – ODER WIE LANGE NOCH?

JJK: Ich nehme wahr, dass sehr viele Menschen von Zukunfts- und Weltuntergangsängsten geplagt werden. Was kann diesen Menschen helfen?

MEISTER HILARION: Bewusstseinsarbeit – Ängste wahrnehmen, Ängste annehmen, Ängste loslassen.

Wer damit beginnt, wird schnell das Licht am Ende des Tunnels wahrnehmen.

JJK: Wie lange braucht es noch, bis der Sturm wie in meinem Traum kommt?

MEISTER HILARION: **Den Tag und die Stunde kennt allein Gott.** Dass sich alles dafür aufbaut, ist jedoch gewiss – und gewiss ist auch, dass die Zeit von Ende und Anfang von jedem Menschen selbst durch seine innere Verwirklichung bestimmt wird.

Mit dieser Botschaft segne ich dich.
Ich bin bei dir an allen Tagen und zu jeder Zeit.

Ich bin MEISTER HILARION

Und die äußere Welt?
Die wird sich eurem verwirklichten
Bewusstsein anpassen und nicht
umgekehrt. Wandelst du dich,
wandelt sich die Welt.

MEISTER ST. GERMAIN

WARUM GIBT ES KEINE „SPIRITUELLEN" POLITIKER?

GESPRÄCH MIT MEISTER ST. GERMAIN

MENSCHEN, DIE HERAUSRAGEN KOMMEN DIE GROSSEN HERAUSFORDERUNGEN NOCH?

19. OKTOBER 2017

MENSCHEN, DIE HERAUSRAGEN

JJK: Ich habe den Eindruck, dass die Dinge klarer werden und dass sich bestimmte Situationen entspannen. Dabei beziehe ich mich auf die globale politische Lage. Obwohl es eigentlich nicht danach aussieht, habe ich diesen Eindruck…

MEISTER ST. GERMAIN: Die Transformationsprozesse auf allen Ebenen erzeugen in dir diesen Eindruck – und dieser Eindruck ist wahr. Gekoppelt ist dies damit, dass auf der politischen, wirtschaftlichen und auch religiösen Ebene der Gesellschaft einzelne Menschen hervortreten und aus der Masse herausragen. Manche beginnen es anders zu machen und wenden sich vom bisherigen Kodex ab. Es ist ein Beginn und dieser wird jetzt sichtbar.

JJK: Ist Österreichs wahrscheinlich zukünftiger Kanzler Sebastian Kurz diesen Zuschnitts? *(Dieses Gespräch fand vier Tage nach der Nationalratswahl 2017 statt. Aus dieser ging, wie erwartet, Sebastian Kurz als Sieger hervor und er bekleidet seither auch das Amt des österreichischen Bundeskanzlers. Nachträgliche Anmerkung von JJK).*

MEISTER ST. GERMAIN: Diese Wesenheit hat in der Tat einen anderen Zugang zu seinem Amt.

Falschheit und Hinterlist werden gemieden. Offenheit, Respekt und Aufrichtigkeit sind die Attribute, die hier zur Geltung kommen. Es ist insofern von Bedeutung, da diese Energien im politischen Alltag bisher kaum vertreten waren.

JJK: Wird sich dies durchsetzen?

MEISTER ST. GERMAIN: ***Am Ende setzt sich immer das Licht durch und es wird die Finsternis immer ausgeleuchtet. Immer!***

In diesem Falle geht es nicht darum, dass eine einzelne Wesenheit dies „durchsetzt", sondern darum, dass immer mehr Menschen, die in diesem Umfeld arbeiten, von diesen Attributen durchdrungen werden – und das ist zweifelsfrei der Fall.

JJK: Ich sehe jedoch bei vielen keinerlei „spirituelle" Veranlagung, obwohl, sie es durchaus gut meinen.

MEISTER ST. GERMAIN: Hier laufen intensive innere Prozesse, die früh genug sichtbar werden. Für die jetzige Zeit und die Auseinandersetzungen, die diese Menschen zu führen haben, wäre ein überwiegend „spiritueller Zugang" für ihre Arbeit eher hinderlich. Diese Menschen könnten in diesem Falle das, was sie zu tun gekommen sind, nicht ausführen – und gekommen sind sie, um das alte System abzutragen, jedoch auf solch eine Weise, dass es das System selbst kaum bemerkt. Manche Entscheidung muss sehr klug getroffen werden, damit diese Menschen ihre Aufgaben erfüllen können.

JJK: Das heißt, sie müssen manchmal für das System sprechen, damit sie nicht als Fremdkörper erkannt werden?

MEISTER ST. GERMAIN: So ist es jetzt in der Zeit des Übergangs. Später, wenn sich bestimmte Paradigmen durchgesetzt haben, braucht es diese Vorsicht nicht mehr. Vorsicht – im Sinne von Voraus-sicht – spielt hier eine große Rolle.

JJK: Ist der hier von mir genannte österreichische Politiker jemand, der aufgrund seiner spirituellen Aufgabenstellung für sein Leben das System abtragen soll oder der diesem nur auf andere Weise dienen möchte?

MEISTER ST. GERMAIN: Dinge müssen, damit diese Wesenheit seine Blaupause wirklich erfüllen kann, noch durchschaut und erkannt werden. Hier gilt es abzuwarten, denn der Druck, diesen Menschen in die Matrix zu pressen, nimmt mit jeder höheren politischen Position zu. Die Anlagen für weit mehr, als bisher sichtbar ist, sind jedoch in diesem Menschen vorhanden.

KOMMEN DIE GROSSEN HERAUSFORDERUNGEN NOCH?

JJK: Wird es immer leichter oder kommen die großen Herausforderungen noch?

MEISTER ST. GERMAIN: Was sich ändert, ist, dass die einzelnen Menschen immer stärker, bewusster und lichter werden – und das ändert die Wahrnehmung. Mit großen Herausforderungen sind heute alle Menschen auf die eine oder andere Weise konfrontiert – hier braucht niemand auf etwas zu warten. Die Transformation ist auf allen Ebenen im Gange und die Herausforderungen sind dementsprechend.

Wichtig ist, dass ihr Tag für Tag euren Aufgaben nachkommt und dass ihr innerlich immer klarer werdet. Dann können euch die Täuschungen dieser Matrix nicht mehr erreichen.

Es gilt: Klarheit über das Wesen der Dinge und zuallererst über die eigenen inneren Beweggründe zu erhalten.

Arbeitet dort weiter, wo ihr einen Bedarf erkennt.
Alle Ebenen eures Bewusstseins bedürfen jetzt eurer Aufmerksamkeit.

Und die äußere Welt?

Die wird sich eurem verwirklichten Bewusstsein anpassen und nicht umgekehrt. Wandelst du dich, wandelt sich die Welt.

Ich bin mitten unter euch.

Ich bin MEISTER ST. GERMAIN

Betrachtet den großen Wandel
niemals anhand
von Einzelergebnissen.
Definiert eure Reise in das
Licht dadurch, inwiefern sich
das Erwachen bei euch selbst
vollzogen hat und in eurem
Umfeld ereignet. Das sind die
Gradmesser und nicht die großen
Enthüllungen dieser Zeit.

MEISTER ST. GERMAIN

WIE LANGE WIRD DIE WAHRHEIT NOCH UNTERDRÜCKT?

GESPRÄCH MIT
MEISTER ST. GERMAIN

AM BEISPIEL DER KENNEDY-GEHEIMAKTE
RÜCKSCHLÄGE UND MACHTLOSIGKEIT
144.000 ERWACHTE ALS KRITISCHE MASSE
WIE GEHT ES WEITER?

30. OKTOBER 2017

AM BEISPIEL DER KENNEDY-GEHEIMAKTE

JJK: Womit ich oft kämpfe, ist, dass es auf dieser Welt so viel Unrecht gibt, so viel Leid und Missbrauch – und nichts und niemand scheint die Wesenheiten, die dafür verantwortlich sind, zu stoppen. Die Lichtkrieger stehen am Posten und sehen sich oft einer dunklen Übermacht gegenüber. Die Frage ist: Warum sind jene, die die Menschheit unterdrücken, in einer solchen Machtposition und warum scheinen sie immer am längeren Ast zu sitzen? Auch jüngst, als die Kennedy-Mordakten freigegeben werden sollten, ist es dem CIA und den Geheimdiensten erneut gelungen, die Wahrheit zu unterdrücken.[9] Hört das nie auf?

MEISTER ST. GERMAIN: Ich bin bei euch und ich bin mit dir, Jahn. Es ist die Zeit der Wahrheit! Eine Wahrheit, die auf allen Ebenen jetzt sichtbar wird. Sie beginnt sich zu zeigen und abzuzeichnen – jedoch nicht sofort und weder in allen Dingen noch in allen Belangen; und genau das ist der Punkt, der in dir diese Fragen auslöst: Lichtarbeit zu betreiben und keine Erfolge zu sehen, mit dem Lichtschwert zu kämpfen und immer wieder aufs Neue mit dem Übel zu tun haben, Liebe zu senden und unentwegt mit neuem Hass konfrontiert zu werden. Diese Situation ist in der Tat für die Lichtkrieger dieser Zeit eine schwierige und sie ist es, da die ganze Geschichte der Menschheit jetzt aufgearbeitet wird.

Das bedeutet, dass Thema für Thema, Epoche für Epoche, Schicht um Schicht in das Licht getragen werden; und das kann nur in einzelnen Teilen erfolgen – also bruchstückhaft – bis sich am Ende das ganze Puzzle zusammenfügt.

Dieser zeitintensive Prozess ist deshalb vonnöten, damit ihr das Wissen und die Heilungsprozesse integrieren könnt; und während sich dies auf diese Weise zuträgt, scheint sich auf der äußeren Ebene der Welt nichts wirklich zu verändern. Die Bösartigkeit wütet und das Gute hat einen schweren Stand.

Dennoch reißt die dichte Wolkendecke – unter der die Menschheit bis heute leben musste – auf. Dennoch ist das Goldene Zeitalter jetzt gekommen und dennoch könnt ihr die Früchte eurer Arbeit bereits auf dieser Welt erkennen.

RÜCKSCHLÄGE UND MACHTLOSIGKEIT

Was euch Sorgen bereitet und große Anstrengungen abverlangt, sind die vermeintlichen Rückschläge. Es sind Ereignisse, wie das von dir Erwähnte, wodurch der Eindruck entsteht, dass Zeit und Wahrheit beliebig angehalten oder umgedeutet werden können.

Einzelne Ereignisse, die das Licht der Wahrheit noch nicht erblickt haben, worauf ihr aber seit Langem wartet, erzeugen in euch dieses Gefühl von Machtlosigkeit. Dafür gibt es nur eine einzige effiziente Lösung:

Betrachtet den großen Wandel niemals anhand von Einzelergebnissen.

Definiert eure Reise in das Licht dadurch, inwiefern sich das Erwachen bei euch selbst vollzogen hat und in eurem Umfeld ereignet. Das sind die Gradmesser und nicht die großen Enthüllungen dieser Zeit.

Gewiss eine große Herausforderung, denn eines ist dem Menschen innewohnend: die angeborene Sehnsucht nach Liebe, Freiheit und Gerechtigkeit auf allen Ebenen seines Lebens. Auch wenn einzelne Menschen vom Weg des Lichts weit abgekommen sind, so ist das Verlangen nach dem Licht jedem Menschen innewohnend.

Deshalb sind Zustände des Unrechts für alle Menschen wie Gift und sie schüren bei den Lichtkriegern den Widerstand und bei jenen, die sich der Hoffnungslosigkeit ergeben haben, führen sie zur Resignation.

Das bedeutet in der Folge, dass immer mehr Lichtkrieger jetzt aufstehen und auf die eine oder andere Weise dem Unerträglichen entgegentreten.

Das wird von jenen, denen die Hoffnung abhandenkam, wahrgenommen und sie können neue Hoffnung schöpfen.

144.000 ERWACHTE ALS KRITISCHE MASSE

Und an diesem Punkt gewinnt deine Frage, „Wann hört das auf?", die angemessene Bedeutung:
Es endet, sobald die Wirkungsweise dieser Matrix und das Ausmaß des Missbrauchs von der kritischen Masse der Menschheit erkannt wurden – und die kritische Masse ist in der Zahl der 144.000 beschrieben.

JJK: Ich dachte immer, dass viel mehr Menschen bereits so weit erwacht wären?

MEISTER ST. GERMAIN: *Erwacht sind jene, die bereit sind, sich mit der GANZEN WAHRHEIT auseinanderzusetzen, und nicht diejenigen, die sich mit Bruchstücken abgeben. Auch wenn euch immer nur Bruchstücke enthüllt werden können, so gilt es für das Ganze bereit zu sein – und das sind die Wenigsten.*

An der Bereitschaft zur eigenen Transformation ist das ganz leicht festzustellen. Wer von den Menschen, die von sich sagen, sie betreiben eigene Erlösungsarbeit, ist bereit, sich dieser wirklich vollkommen hinzugeben? Immer noch blockieren Ängste diesen Prozess, immer noch fehlt den meisten Menschen der Mut, ihr Leben wirklich zu verändern, und immer noch werden Gewohnheiten mehr geliebt als heilvolle Veränderungen.

Was kann sich also in der Welt bewegen, wenn der große Teil der Menschheit wie angewurzelt stehen bleibt?

Die Gründe dafür sind vielfältig, jedoch eines ist gewiss: Auch diese Trägheit wird von immer mehr Menschen überwunden und die Ignoranz sich selbst gegenüber bricht auf. Das göttliche Licht sorgt dafür. Unaufhaltsam verrichtet es seine Arbeit; und auch dafür ist Zeit notwendig, damit Altes entlassen und Neues integriert werden kann.

WIE GEHT ES WEITER?

JJK: Heißt das also, es geht weiter wie bisher. Wir müssen Nerven behalten und durchhalten, immer das große Ganze sehen und uns niemals von einzelnen Ereignissen oder „Rückschlägen" die Zuversicht rauben lassen…

MEISTER ST. GERMAIN: Dass die Kennedy-Akte nicht vollständig freigegeben wurde, ist kein Rückschlag, sondern es ist ein Erfolg, dass diese Wahrheitssuche nicht aufhört. Die Wahrheit wird auch dabei ans Licht gelangen, es ist unaufhaltsam, auch wenn sich manche

Entwicklungen wie „Rückschritte" anfühlen.

Wendet euch bitte immer dann, wenn ihr in die Mutlosigkeit oder Hoffnungslosigkeit abzusinken droht, dem Lichte eurer Meister oder dem Lichte Gottes zu. Geht in eine Meditation und ihr werdet gestärkt und erfüllt daraus hervorgehen. Die Engel und Erzengel und wir, die Aufgestiegenen Meister, sind allgegenwärtig und wir legen Zuversicht in euer Herz, wenn ihr dieser am meisten bedürft.

Die „Leichtigkeit des Seins" kann durch die ständige Verbindung mit dem Licht erworben und in eurem Herzen bleibend verankert werden. Dann wird eure Wahrnehmung ganzheitlich und unvollständige Ableitungen einzelner Ereignisse bleiben aus.

JJK: Wie geht es weiter? Eine Frage, die ich immer wieder stelle, vor allem dann, wenn mir die ganze Welt auf der Stelle zu treten scheint?

MEISTER ST. GERMAIN: Es geht weiter, indem euch Schicht für Schicht die eigene Wirklichkeit offenbart und die Wahrheit dieser Welt enthüllt wird.

JJK: Werden wir in einem Menschenleben das Goldene Zeitalter betreten?

MEISTER ST. GERMAIN: Jenen, die bei sich selbst ankommen, ist diese Ankunft gewiss. Daher lenkt all eure Bestrebungen in euer Herz und auf euer eigenes Leben.

Damit ihr wirken könnt, müsst ihr Verwirklichung erlangen, damit ihr den Wandel gestalten könnt, müsst ihr Gestalter eures Lebens werden und euch selbst gewandelt haben.

Mit dieser zeitlosen Weisheit und unvergänglichen Wahrheit klingt dieses Gespräch aus.

Ich segne dich, ich bin bei dir.
Ich trete in dein Leben, wann immer du mich rufst.

Ich bin MEISTER ST. GERMAIN

Die Menschheit ist in der Obhut
Gottes und wird ihren Weg
ins Licht vollenden.

CHRISTUS

REPARATUR DER ZEITLINIEN TEIL 1

GESPRÄCH MIT CHRISTUS

HERKUNFT VON ALBTRÄUMEN
DEINE NIE STATTGEFUNDENE KREUZIGUNG

27. NOVEMBER 2017

HERKUNFT VON ALBTRÄUMEN

JJK: Sind Albträume Einflüsse aus einer anderen Zeitlinie?

CHRISTUS: Die ursprüngliche Zeitlinie der Menschheit war frei von negativen, äußeren Einflüssen. Das Leben und die Menschen konnten sich den göttlichen Prinzipien gemäß entfalten. Spiritualität, Harmonie und Frieden bestimmten das Zusammenleben und das Leben der einzelnen Menschen. Ab einem bestimmten Punkt nahmen äußere Einflüsse zu, indem zeitreisende Klone die Zeitlinie dieser Erde, das heißt, die Geschichte, zu verändern begannen. Dies aus dem Grund, um die Menschen von ihrer spirituellen Entfaltung fernzuhalten. Es entstanden Ängste, es kam die Gewalt ins Spiel und die Menschen verloren die Anbindung an das Göttliche und die göttliche Fülle. Dadurch konnten diese Kräfte über die Menschen herrschen, es war der „Sündenfall" des Menschen in die Welt der Illusion. Die Eingriffe in diese Zeitlinie wirken bis heute nach, denn die menschliche Geschichte ist zu großen Teilen frei erfunden und neu konstruiert.

Diese Zeitlinie ist so konstruiert, sodass die Furcht im Herzen der Menschen erhalten bleibt, da nur dadurch Einfluss auf die Menschen genommen werden kann.

JJK: Wie kann ich mir das vorstellen, wenn Wesenheiten in eine Zeitlinie eingreifen und sie neu konstruieren?

CHRISTUS: Fremdbesetzungen von Menschen, Klone, die als Menschen unter Menschen leben, um destruktive Lebenskonzepte freizusetzen, und Einflussnahme mittels elektromagnetischer Felder, die die übrige Menschheit unten halten.

JJK: Ich hatte heute einen Albtraum und ich erkannte nach dem Aufwachen sofort, dass mir dieser – von außen – eingespielt wurde. Es war ganz offensichtlich, ich fühlte es förmlich, dass dieser nicht aus mir selbst heraus kam…

CHRISTUS: Dadurch sollen Ängste geschürt und einzelne Menschen in ihrer Kraft blockiert werden. Es ist ein Eingriff, der auf dieser Ebene gestattet ist, der aber tiefere Seelenebenen nicht mehr erreichen kann. Das heißt, den Kräften der Finsternis – es sind die archontischen[10] menschlichen Blutlinien – verbleibt ein immer geringeres Spektrum an Möglichkeiten, um bei Menschen negativen Einfluss zu nehmen. Dieses Spiel ist, aufgrund des neuen Zeitalters und der weit fortgeschrittenen Reparaturarbeiten an dieser Zeitlinie, in der Endphase.

JJK: Wie kann ich mir die Reparaturarbeiten an einer Zeitlinie vorstellen?

CHRISTUS: Das Licht der Wahrheit oder Christuslicht genannt hebt alle Manipulationen auf und entfernt die konstruierte Geschichte dieser Menschheit. Dadurch gelangen immer mehr wahrhaftige Erkenntnisse an das Licht der Öffentlichkeit. Des Weiteren sind die Reparaturarbeiten darin definiert, dass die Menschen selbst ihren Ursprung und ihre Herkunft erkennen können. Die Erleuchtungsenergie dafür wird jetzt bereitgestellt.

Es ist die Kraft, die Göttliches schafft und das Gottlose und die Gottlosen von dieser Zeitlinie entfernt.

JJK: Warum dauert das, aus meiner Sicht, so lange? Es geht gewissermaßen langsam vor sich?

CHRISTUS: Mit jeder weiteren Heilung erhöht sich auch das Tempo dieses Vorganges. Wichtig zu wissen ist, dass der Vorgang der Heilungen der Zeitlinie unaufhaltsam ist und dass dies in der aktuellen Zeitspanne eines Menschenlebens vollkommen abgeschlossen sein wird.

DEINE NIE STATTGEFUNDENE KREUZIGUNG

JJK: Liegt dem Fälschen der Zeitlinie auch der Irrtum, dass du als JESUS gekreuzigt wurdest, zugrunde? Wie sonst, so denke ich mir, konnte diese Religion, die einen gemarterten Menschen anbetet, so viel Einfluss auf die Geschichte nehmen.

CHRISTUS: Dieser Einfluss war nur möglich aufgrund dieser Geschichtsfälschung und dieser Einflussbereich wird jetzt immer geringer. Schon stürzt dieses Lügengebäude ein, dies, da die Zeit dafür gekommen ist.

JJK: Warum haben so viele Heilige oder Erleuchtete erklärt, du seiest am Kreuze gestorben. Warum hat kein Meister der Vergangenheit gesagt, wie es wirklich war und dass die Ereignisse auf dieser Zeitlinie manipuliert wurden.

CHRISTUS: Auch große Meister unterliegen einzelnen Irrtümern oder haben nicht immer in alle Ebenen Einblick – und die Zeit für die Wahrheit, für jede Wahrheit, muss reifen. Eine Frucht, die zu früh geerntet wird, ist unbekömmlich.

JJK: Das heißt, dass du niemals am Kreuze warst, wird jetzt wirklich bekannt. Aber warum haben so viele Channel-Medien von deinem Kreuzestod berichtet? Ich meine, außer der „JESUS BIOGRAFIE – TEIL I" [11] ist ja in keinem neueren Buch aus der New Age-Szene davon die Rede. Vor allem was dieses Thema anbelangt, komme ich mir manchmal als einsamer Rufer in der Wüste vor.

CHRISTUS: Viele Medien werden dafür benutzt, um den alten Glaubensprogrammierungen der Menschen ein neues Kleid zu geben und somit aufrechtzuerhalten. Dafür werden „Informationen" neu verpackt und weitergegeben. Möglich ist das, da die einzelnen Menschen nicht klar genug sind und sich beim Empfangen von Botschaften unterschiedliche Zeitlinien und Wesenheiten, die Verwirrung stiften wollen, einmengen. Dies ist den Wenigsten bewusst, anderenfalls wäre dieses Phänomen nicht so weitverbreitet.

Was die Bekanntheit meiner niemals stattgefunden Kreuzigung betrifft, so breitet sich dieses Wissen seit der Veröffentlichung der Jesus Biografien immer mehr aus. Dieses Wissen ist im morphogenetischen Feld der Erde vorhanden und erreicht immer mehr Menschen. Der Schleier wird auch in dieser Angelegenheit gelüftet und die Geschichte wird berichtigt.

JJK: Ich denke mir auch manchmal: „Heute sagen zu viele Menschen, dass sie channeln." Und wenn ich dann etwas lese, dann denke ich: „Hier spricht das Unterbewusstsein aus einem Menschen nicht aber eine höhere, lichtvolle Wesenheit."

Ich schätze jeden dafür, dass er den Mut hat, dieses oder jenes Neue zu probieren. Was ich jedoch bedenklich finde, ist diese Inflation in dem Bereich.

CHRISTUS: Dieses Phänomen ist ein Phänomen dieser Zeitlinie und der jetzigen Bewusstwerdung der Menschheit. Es ist die Zeit des Übergangs und hier kommen noch viele Dinge durcheinander.

Einerseits öffnen sich die Kanäle bei den einzelnen Menschen und andererseits müssen die Fähigkeiten, damit richtig umzugehen, noch erworben werden. Es ist ein Prozess, der am Ende jedem Menschen Klarheit bringen wird. Stell dir ein Kind vor, das die ersten Schritte macht, wie es – ehe es sicher auf den Beinen stehen kann – immer wieder hinfällt und sich manchmal dabei sogar verletzt.

Zusammengefasst für diese Botschaft: Heilungen von großem Ausmaß finden statt und setzen sich fort. Die Einflussnahme von destruktiven Kräften auf diese Zeitlinie werden immer geringer und die Möglichkeiten zum Erwachen werden immer umfassender.

Die Menschheit ist in der Obhut Gottes und wird ihren Weg ins Licht vollenden.

In unendlicher Liebe
CHRISTUS

Es ist nahezu unmöglich,
in allen Belangen den sofortigen
Durchblick zu haben.
Deshalb ist es von größter
Bedeutung, den Sachen auf
den Grund zu gehen. Eine
ausreichende Betrachtung
und die Beschäftigung mit den
Dingen sind dafür erforderlich.
Eine Beschäftigung auf äußerer
und innerer Ebene.

CHRISTUS

REPARATUR DER ZEITLINIEN TEIL 2

GESPRÄCH MIT
CHRISTUS

WIE IST ES MÖGLICH, ORIENTIERT ZU BLEIBEN?

28. OKTOBER 2017

JJK: Wie sah es auf der Erde auf der ursprünglichen Zeitlinie aus? Mich beschäftigt unser gestriges Gespräch noch immer...

CHRISTUS: Ohne manipulative Eingriffe waren die Menschen befähigt, spirituell zu gedeihen. Es herrschte Frieden und Harmonie. Die Menschen umgab ein tiefes Verständnis für den Nächsten und für all das Leben auf dieser Welt. Die niedrigen, menschlichen Instinkte wurden nicht genährt, sondern wurden wahrgenommen und wenn nötig auf eine höhere Ebene transformiert. Durch die Eingriffe der Archonten wurde die Menschheit jedoch ganz auf die dichte Materie und die niedrigen Instinkte ausgerichtet. Daher rührt die extreme materielle Abhängigkeit der Menschheit. Die Richtung, die die Menschheit einschlug, stand dem Schöpfungsplan konträr gegenüber. Möglich war dies, da bestimmte Menschenwesen den freien Willen dafür gebrauchten, um Bedingungen für diese Erfahrung zu erschaffen.

JJK: Warum aber kommt durch die Entscheidung einiger Weniger die ganze Menschheit zum Handkuss?

CHRISTUS: Diese Entscheidung wurde vor langer Zeit getroffen. Seither bevölkerten Generationen von Menschen diese Erde, Generationen, die genauso aus freiem Willen in dieses Leben eintraten, viele mit der Absicht und mit den Aufträgen, diese Zustände zu beenden und die Heilung der Menschheit zu bewirken. Nicht immer jedoch war dies von Erfolg gekrönt; und so wurden weitere karmische Verknüpfungen erzeugt – eine Spirale von Schicksalsschleifen, aus der sich die Menschheit bis in die jüngste Zeit nicht zu befreien vermochte. Diese Lähmung des menschlichen Kollektivbewusstseins ist jetzt vorüber und das Erwachen hat eingesetzt.

WIE IST ES MÖGLICH, ORIENTIERT ZU BLEIBEN?

JJK: Ich habe noch eine Frage dazu, wie ein einzelner Mensch in all dem Wirrwarr, wo neue Erkenntnisse hervortreten und alte Lügen aufrechterhalten werden, den Durchblick behalten kann. Wie ist es möglich, immer orientiert zu bleiben?

CHRISTUS: *Es ist nahezu unmöglich, in allen Belangen den sofortigen Durchblick zu haben. Deshalb ist es von größter Bedeutung, den Sachen auf den Grund zu gehen. Eine ausreichende Betrachtung und die Beschäftigung mit den Dingen sind dafür erforderlich. Eine Beschäftigung auf äußerer und innerer Ebene.*

Das bedeutet, ordnet die Fakten, setzt euer logisches Denken ein und euren Verstand. Dann geht in euer Innerstes. Achtet auf die inneren Eingaben.

Was von den Erkenntnissen wird euch innerlich bestätigt und was nicht. Dieser Vorgang erfordert Übung, bis ihr euch ganz darauf verlassen könnt.

Wichtig ist, nicht damit aufzuhören, wenn sich ein Ergebnis als falsch herausstellt. Übt mit eurer inneren Stimme umzugehen, auf sie zu hören und sie richtig zu verstehen. Dann werdet ihr die Fähigkeit der Orientierung in einer chaotischen Welt zurückerlangen.

Diese Arbeit ist unverzichtbar, so ein Mensch im Dickicht dieser Zeit die Wahrheit erkennen möchte. Unser Gespräch endet an dieser Stelle.

Ich segne jene, die meinen Segen erwarten und mir die Tür zu ihrem Herzen öffnen.

CHRISTUS

Nicht alles, was euch vorausgesagt wurde, wird sich erfüllen und nicht alles kann ausbleiben.

SANAT KUMARA

CHAOS IN DER ZEIT DES ÜBERGANGS

GESPRÄCH MIT SANAT KUMARA

HEILUNGEN IM SCHLAF
WIE SICH VORAUSSAGEN VERWIRKLICHEN
DEUTSCHLAND WURDE INS „KOMA REGIERT"

01. DEZEMBER 2017

HEILUNGEN IM SCHLAF

JJK: Warum benötige ich derzeit so viel Schlaf?

SANAT KUMARA: Welten trennen sich, Welten vereinen sich und eine ganze Menschheit erwacht. Ich bin Logos dieser Erde und ich bin mitten unter euch.

Ein großes Schlafbedürfnis hat derzeit viele Menschen, die mitten in ihren lichtvollen Aufgaben stehen, erfasst. Dies geschieht, damit ihr alle euch während der Nacht regenerieren könnt. Dabei werdet ihr oft in nächtlichen Sitzungen auf anderen Planeten und in anderen Sphären energetisch aufgeladen, verjüngt und mit Wissen versorgt. Der Schlaf dient euch auf diese Weise und auch indem sich dadurch bestimmte Heilungen bei euch beschleunigen.

JJK: Bezugnehmend auf die Gespräche mit MEISTER CHRISTUS, die „Reparatur der Zeitlinien" betreffend, frage ich mich, ob die zukünftige Erde bereits auf einer neuen und guten Zeitlinie ist. Müssen die uns prophezeiten Kataklysmen eintreffen oder ereignet sich der Wandel gemildert?

WIE SICH VORAUSSAGEN VERWIRKLICHEN

SANAT KUMARA: Die neue Zeitlinie schließt manche düstere Prophezeiung aus; und die Erde befindet sich bereits auf diesem Weg.

Nicht alles, was euch vorausgesagt wurde, wird sich erfüllen und nicht alles kann ausbleiben.

Vor allem geht es darum, dass ein jeder Mensch die Umbrüche auf seine eigene Weise erlebt und noch erleben wird.

Menschen, die einen höheren Grad der Verwirklichung erreicht haben, werden diese Ereignisse tendenziell harmonisch erfahren und Menschen, die sich aus dieser Matrix nicht lösen können, werden den Wandel tendenziell im Unfrieden erleben.

JJK: Die Menschen erwachen, sagtest du eingangs. Warum nehme ich das momentan nicht so wahr? Mir kommt vor, als befänden sich die Meisten noch im Tiefschlaf?

SANAT KUMARA: Du kannst dies nicht immer so wahrnehmen, wie es ist, da du mit deinen Aufträgen befasst bist. Deine Arbeit spiegelt dir immer nur einen Teil des ganzen Vorganges – je nachdem, womit du dich gerade beschäftigst und worauf du deine Aufmerksamkeit lenkst.

Betrachtest du die Zustände in Europa, die Völkerwanderungen und mehr, dann wird dir bang, betrachtest du die vielen Menschen, die für eine lichtvolle Neue Welt einstehen, dann gewinnst du Zuversicht. Dein täglicher Fokus und deine generellen Aufträge bestimmen deine Wahrnehmung.

DEUTSCHLAND WURDE INS „KOMA REGIERT"

JJK: Vor allem, was in und mit Deutschland geschieht, indem die Deutschen in die totale Selbstverleugnung getrieben werden. „Alles Deutsche ist schlecht" ist die Devise von Teilen des Establishments. Dabei lastet das Gewicht des Zweiten Weltkrieges so schwer, dass die Menschen nicht mehr aus den Schuldgefühlen herauskommen. Wie es ein österreichischer Künstler vortrefflich ausdrückte: „Merkel hat Deutschland ins Koma regiert."

SANAT KUMARA: Was in Deutschland geschieht, ist, dass das Schuldbewusstsein eines ganzen Volkes jetzt noch einmal auflebt und ausgelebt wird. Dies geschieht so lange, bis es sich auflösen kann. Dafür muss der „Punkt der Sättigung" erreicht sein. Die Menschen werden sich bald schon aus dieser Falle befreien und ein neues Bewusstsein als deutsches Volk kreieren. Der Tiefpunkt muss jedoch erreicht werden, damit die Heilung geschehen kann.

JJK: Das heißt, die deutsche Regierung hat Deutschland den Bevölkerungsaustausch verschrieben und dies wird derart radikal betrieben, bis dass selbst die größten Schläfer aufwachen?

SANAT KUMARA: Das Universum gehorcht zyklischen Bewegungen. So gehorchen auch gesellschaftliche Prozesse bestimmten Zyklen. Die Abkehr von diesen Zuständen kommt und ein neues Bewusstsein wird die Menschen nicht nur in Deutschland erfassen. Die Menschen werden wieder bewohnt werden von ihren Seelen und sie werden leben, wie es dem Seelenplan entspricht. Dazu gehört, dass die Herkunft eines Menschen an Bedeutung gewinnt und die Zugehörigkeit zu einem Volk mit all den identitätsstiftenden Merkmalen wird einen neuen Stellenwert erhalten.

Es ist die Zeit des Übergangs, die dieses Chaos erzeugt, und dies ist immer nur von bestimmter Dauer.

Habt Mut, bleibt voller Zuversicht und kreiert durch eure lichtvollen Gedanken, Worte und Taten eine neue Erde. Ihr seid am guten Wege und wir, die Mächte des Himmels, stehen euch Tag und Nacht bei.

Ich bin SANAT KUMARA
König der Welt seit den ersten Tagen.

Alle Entwicklungen auf Erden drängen in eine lichtvolle Zukunft. Die Zeitlinien der totalen Zerstörung wurden und werden umschifft und so wird die Menschheit nach dem Transit durch diese Raumzeit auf einer friedvollen Welt wiedergeboren.

ATOS TU NAH'

ERDE IM TRANSITBEREICH
AUF NEUE ZEITLINIE

ATOS TU NAH'

FÜRCHTET EUCH NICHT
VORSICHT VOR ENDZEITPROPHEZEIUNGEN

04. DEZEMBER 2017

FÜRCHTET EUCH NICHT!

Diese Frohe Botschaft wird euer kraftvolles Tun und machtvolles Auftreten im Lichte der Wahrheit bestärken.

Ich bin ATOS TU NAH',
Logos vieler Galaxien

Alle Entwicklungen auf Erden drängen in eine lichtvolle Zukunft. Die Zeitlinien der totalen Zerstörung wurden und werden umschifft und so wird die Menschheit nach dem Transit durch diese Raumzeit auf einer friedvollen Welt wiedergeboren.

Wovon ich euch spreche, sind die Bewegungen des menschlichen Bewusstseins und die Folgen daraus. Seitdem das neue Millennium angebrochen ist, war alles auf die Entscheidung, wohin sich die Menschheit entwickelt, ausgerichtet. Die großen Zerstörer und „Missachter" allen Lebens wollten die Menschheit in den Untergang treiben.

VORSICHT VOR ENDZEITPROPHEZEIUNGEN

Dafür wurden Zeitlinien „beworben" und erschaffen, die die vollständige Auslöschung der Menschheit zum Ergebnis hätten.

Folglich gilt es, sich den Endzeitprophezeiungen mit großer Vorsicht zu nähern, da sie euch an dunkle und negative Ereignisketten binden können, was zu einer irrealen Ausweglosigkeit und Hoffnungslosigkeit führen kann.

Aktuell befindet sich dieser Planet in einem Korridor des Übergangs, wodurch der Transfer in die Neue Welt stattfindet. In dieser Phase sind präzise Vorhersagen unmöglich, da die Menschheit währenddessen die neue Zeitlinie für sich definiert. Was aufgrund der jetzigen Position dieses Planeten feststeht, ist, dass Zeitlinien, die eine atomare Zerstörung und somit Auslöschung dieser Menschheit mit sich bringen, nicht mehr aktiviert werden können. Die Zeitlinien für diese Verwerfungen befinden sich auf einer anderen Ebene und wurden von dieser Erde getrennt.

Durch die Arbeit vieler Lichtkrieger ist eine neue Ausgangsbasis für die Zukunft der Menschheit entstanden: Auf einer lichten Welt wird Frieden sein und voll bewusste Menschen werden herrschen.

Eins mit der Schöpfung und vereint mit Gott erblüht eine neue Menschheit. Die Tage sind gezählt.

Ich bin der allgegenwärtige Geist, der sich über
Gaia ausdehnt und sich in unendlicher Liebe in den
Menschenherzen niederlässt.

Ich bin ATOS TU NAH‘

Es sind die Zeichen des Tieres und der Endzeit, die sich euch hier offenbaren. Sobald der Höhepunkt an Verwerfungen erreicht ist, kippt dieses System und alles fällt in sich zusammen. Wie einst die Mauern Jerusalems, so werden jetzt die Mauern des Vatikans einstürzen.

JESUS CHRISTUS

ZEICHEN DER ENDZEIT

GESPRÄCH MIT
JESUS CHRISTUS

DIE GOTTLOSE KIRCHE ROMS
JAHWE
ANGSTPROPAGANDA UND EINSTURZ DES VATIKANS
DIE ZEIT NAHT
ICH BIN BEI EUCH!

24. DEZEMBER 2017

DIE GOTTLOSE KIRCHE ROMS

JJK: Die Bibel wird umgeschrieben! Der Papst im Vatikan möchte nicht mehr, dass Gott, sondern dass JAHWE verehrt wird. Auch „Adam" kommt nicht mehr vor. Jetzt heißt er „Mensch". „Eva" darf bleiben, womit die Kirche aufzeigt, dass Frauen keine Menschen sind. Liegt das dem Genderwahn zugrunde?

JESUS CHRISTUS: Es ist die Zeit, in der die Kirche auf den Hügeln Roms ihr wahres Gesicht zeigt.

Die Gender-Ideologie wird dafür benutzt, um die Menschen direkt in die Hände des Teufels zu führen.

Das Ziel ist die EINE Weltreligion und deshalb muss eine gemeinsame Sprache gefunden werden, die auch andere Religionen akzeptieren können. Die tatsächliche Gottlosigkeit und Menschenfeindlichkeit dieser Institution tritt jetzt offen zutage.

JAHWE

JJK: Ich erhielt vor langer Zeit auch einmal eine Botschaft von JAHWE. War hier der Teufel am Werk?

JESUS CHRISTUS: Nein. In deinem Fall war es der in

das Licht zurückgekehrte und transformierte Aspekt des Fürsten der Finsternis, der sich dir offenbarte.

JJK: Das heißt, JAHWE ist bereits ins Licht zurückgekehrt?

JESUS CHRISTUS: JAHWE oder der Teufel, der diese Welt drangsalierte, ist in das Licht zurückgekehrt. Geblieben sind jedoch mächtige Platzhalter auf diesem Planeten. Kräfte der Finsternis haben sich verselbstständigt und ein Eigenleben entwickelt. Die Rolle des „bösartigen Spielers" wurde nahtlos übernommen und so wird die dunkle Regentschaft durch eine Priesterschaft der Finsternis – zusammengefasst im Begriff des Satans – aufrechterhalten.

Was die von dir angesprochenen Entwicklungen auf dieser Erde betrifft, so handelt es sich dabei darum, dass die Menschen noch weiter von Gott und sich selbst weggebracht werden sollen. Dies ist jetzt aus der Sicht Satans dringend, da immer mehr Menschen erwachen. Die Zeit läuft ab und wird knapp – daher so viele Aktionen, die in diese Richtung weisen.

JJK: Wie wird das enden?

ANGSTPROPAGANDA UND EINSTURZ DES VATIKANS

JESUS CHRISTUS: So wie es der einzelne Mensch für sich selbst wählt. Im planetaren Sinne strebt jetzt alles sehr schnell den großen Veränderungen zu.

Der Zug der Transformation nimmt Fahrt auf und viele Offenbarungen werden euch gegeben. Die Gegensätze werden sich jedoch verstärken. Das heißt, während immer mehr Menschen erwachen, wird das alte System alles unternehmen, um den Druck auf die Menschen durch „Angstkampagnen" zu erhöhen – und darauf gilt es vorbereitet zu sein und richtig zu antworten.

Wie? Indem ihr ganz bewusst einen Gegenentwurf lebt.

- Verbindet euch mit Gott, verbindet euch mit eurer inneren Stimme.
- Hört auf euer Herz und folgt eurer Intuition, denn Licht ist mächtiger als die Finsternis und Liebe ist stärker als Hass.
- Ganz gleich, was euch eingeredet werden soll, haltet euch fern von den Verkündern der Kirchen. Denn sie streuen jetzt Furcht und Unsicherheit – und sie wollen jetzt ihre vollständige Herrschaft über die Menschen antreten.

Es sind die Zeichen des Tieres und der Endzeit, die sich euch hier offenbaren. Sobald der Höhepunkt an Verwerfungen erreicht ist, kippt dieses System und alles fällt in sich zusammen. Wie einst die Mauern Jerusalems, so werden jetzt die Mauern des Vatikans einstürzen.

DIE ZEIT NAHT

Für dich, geliebter Mensch, gilt es jetzt ganz bei dir selbst zu bleiben. Gott befindet sich in deinem Herzen. Wer dir etwas anderes erzählt, dem misstraue und dem verwehre den Zugang in dein Leben.

Es ist Zeit, Klarheit zu schaffen auf allen Ebenen. Die katholische Matrix senkt sich ein letztes Mal drohend über eure Seelen. Weist sie ab und lasst das Licht Gottes direkt in euer Herz fließen.

Es ist für alles und für jeden, der standhaft bleibt und Gott vertraut, gesorgt.

Die Bibel wird erneut umgeschrieben, um sie den aktuellen Plänen anzupassen – und erneut wird dieses Spiel von ausreichend vielen Menschen verstanden und durchschaut, sodass diese Menschen keinen Schaden nehmen.

ICH BIN BEI EUCH!

Ruft mich an eure Seite. Haltet Ausschau nach wahren Lichtquellen und meidet die falschen Propheten, vor allem die der etablierten Institutionen.

Schafft Klarheit auf allen Ebenen. Geht in eure Göttlichkeit und setzt alles daran, dass ihr Gott schauen könnt – von Angesicht zu Angesicht.

Ich bin JESUS CHRISTUS

Durchgegeben am Weihnachtsabend 2017

Ich begleite dich nach Hause.
Mein Licht erleuchtet deinen Weg,
bis dass du vor der richtigen Tür
stehst und dir der Herr der Liebe
öffnen kann.

SANAT KUMARA

DEM HERRN DER LIEBE DIENEN – EIN LEBEN LANG

GESPRÄCH MIT SANAT KUMARA

DIE HÖCHSTE „VERWENDUNG"

04. JANUAR 2018

"Mögen wir nur hören, was für alle gut ist.
Mögen wir nur sehen, was für alle gut ist.
Mögen wir dir dienen, Herr der Liebe, unser Leben lang.
Mögen wir verwendet werden, deinen Frieden auf Erden zu verbreiten.

OM Shanti Shanti Shanti" (Prashna – Upanishad)

JJK: Diese wunderbare Stelle habe ich in den Upanishaden gefunden. Für mich stellt sich jetzt die Frage, sollen wir das Schlechte, was nicht für alle gut ist, überhören? Sollen wir uns der Finsternis nicht mehr stellen?

SANAT KUMARA: Ihr sollt das Wesen allen Seins erfassen, das unteilbare ewige Selbst. Darum geht es in allen Heiligen Schriften, die niemals vom niederen menschlichen Geist der Vergänglichkeit verunreinigt wurden.

"Hören, was für alle gut ist", heißt, das göttliche Selbst hinter allen Erscheinungen zu erkennen, heißt, das Vergängliche zu transzendieren und hinter der Materie das Licht und hinter der Welt die Unendlichkeit zu sehen.

Heute ist diese Erde im Stadium radikaler Umgestaltung. Doch viele Menschen wollen das weder hören noch sehen!

So gilt es heute hinzublicken und die Menschen wachzurütteln. Innerlich jedoch bleibt ein Wissender immer auf das Ewige, auf das Unvergängliche ausgerichtet – und zutiefst menschliche Attribute sind überwunden.

„Mögen wir dir dienen, Herr der Liebe, unser Leben lang."

Darin ist wahre und tiefe Gotteshingabe beschrieben – und Gottvertrauen. Denn ein wahrer Diener fragt nicht nach dem WIESO oder nach dem WARUM, sondern er macht sich auf und tut, wie ihm geheißen. Geleitet vom Höchsten Selbst nimmt ein wahrer Diener alles an, denn er weiß, Licht und Schatten wechseln wie Tag und Nacht. Bedeutungslos ist, was im außen geschieht, Wert allein hat, welcher inneren göttlichen Berufung ein solcher Mensch gehorcht.

„Mögen wir verwendet werden, deinen Frieden auf Erden zu verbreiten."

DIE HÖCHSTE „VERWENDUNG"

Dies ist die höchste „Verwendung", zu der ein Mensch eingeladen werden kann. Durch Gott, den Höchsten, wird ein Mensch, so er dafür die innere Reife besitzt, auf diese Mission geschickt.

Entsandt vom Herrn der Liebe und im Selbstverständnis, da diese Welt nur durch diesen Dienst Bedeutung erlangt und dieses Leben nur dadurch einen Wert erhält.

Wer von Gott ausgewählt wurde, diesen Gottesdienst auf Erden zu verrichten, wer auf diese Friedensmission entsandt wird, der ist wahrlich angekommen – bei sich selbst und bei Gott.

Die Voraussetzungen dafür sind:
- Überwindung des Egos
- Transformation aller niedrigen, menschlichen Attribute
- Die alles überstrahlende und alles überdauernde Sehnsucht nach Gott

Ich bin SANAT KUMARA

Ich begleite dich nach Hause. Mein Licht erleuchtet deinen Weg, bis dass du vor der richtigen Tür stehst und dir der Herr der Liebe öffnen kann.

Ich liebe dich unendlich.
OM Shanti Shanti Shanti

SANAT KUMARA

Die richtige Lebensweise in diesen Tagen ist: Lebe in der Welt ohne Anhaftungen, sei tätig auf der Erde – identifiziere dich jedoch allein mit Gott.

SANAT KUMARA

TÄTIGES HANDELN UND MEDITATION

GESPRÄCH MIT
SANAT KUMARA

DAS MEER DES TODES ÜBERQUEREN
WARUM GIBT ES SO VIELE SPIRITUELLE TOURISTEN?

05. JANUAR 2018

DAS MEER DES TODES ÜBERQUEREN

Aus den Isha – Upanishad 9 – 11:
*"In dunkler Nacht leben jene, für die
allein die Welt draußen real ist; in noch dunklerer
Nacht jene, für die allein die Welt drinnen
real ist. Das erste führt zu einem Leben
der Tat, das zweite zu einem Leben der Meditation.
Aber jene, die tätiges Handeln mit Mediation verbinden,
überqueren das Meer des Todes durch tätiges Handeln
und gehen in die Unsterblichkeit ein
durch die Ausübung der Meditation.
So haben wir's von den Weisen vernommen."* [12]

JJK: Das heißt, Rückzug aus der Welt führt genauso in die Dunkelheit wie das Tätig-sein ohne spirituellen Hintergrund?

SANAT KUMARA: Dunkelheit ist überall dort, wo es an Bewusstheit fehlt. Dergestalt ist ein Meditierender, der sich vor der Welt verbirgt, der sich vor den Herausforderungen des Lebens versteckt, ein Gefangener von eigenen unerlösten Ängsten. Gleiches trifft auf hyperaktive Menschen zu, die ihr Tun niemals aus spiritueller Sicht reflektieren oder vom übergeordneten Standpunkt aus betrachten.

Sie gehen ganz in ihrem äußeren Tun auf, nur um die innere Konfrontation zu meiden.

Das menschliche Bewusstsein braucht, um wachsen zu können, die Balance zwischen dem äußeren Leben, den äußeren Tätigkeiten und der inneren Kontemplation und Hinwendung an das Göttliche. Der Sinn eines Menschenlebens liegt darin, oben und unten, innen und außen, die Tat und die Meditation in Einklang zu bringen.

Werden beide Ebenen gelebt, dann kann der Mensch die höchsten Potenziale verwirklichen und das „Meer des Todes" überqueren.

JJK: In 12 – 14 heißt es weiter:
„In dunkler Nacht leben jene, für die der Herr ausschließlich transzendent ist; in noch dunklerer Nacht jene, für die er ausschließlich immanent ist.
Aber jene, für die er transzendent
und immanent ist, überqueren das Meer des Todes mithilfe des Immanenten und gehen in die Unsterblichkeit ein mithilfe des Transzendenten.
So haben wir's von den Weisen vernommen." [13]

SANAT KUMARA: Alles ist Leben und alles Leben ist eins. Der Herr der Liebe wohnt allen Dingen und Manifestationen inne und ist gleichsam jenseits aller

Begrifflichkeit, jenseits aller Bildlichkeit und jenseits allen Denk- und Vorstellbaren wirklich. Gott in allen Erscheinungen wahrzunehmen heißt, das Menschsein zu transzendieren und Erleuchtung zu erlangen. Alles ist eins, alles ist eins in Gott und alles ist untrennbar miteinander verbunden. Alles!

Die Botschaft ist: Mensch, erkenne diese Wahrheit!

WARUM GIBT ES SO VIELE SPIRITUELLE TOURISTEN?

JJK: Warum lesen viele Menschen solche oder ähnliche Texte? Sie werden davon innerlich berührt, aber sie vermögen ihr Leben nicht zu ändern. Ich kenne fast niemanden, der seinen spirituellen Betrachtungen Taten, die das Leben wirklich verändern würden, folgen lässt.

Ich sehe viele spirituelle Touristen, aber kaum wirkliche Adepten? Hat das mit einem grundlegenden Irrtum, wie sich spirituelles Erwachen ereignet, zu tun? In den Upanishaden las ich auch:

*„Aus der Fülle geht Fülle hervor.
Wird der Fülle Fülle entnommen,
so verbleibt nach wie vor Fülle."* [14]

SANAT KUMARA:
- Ehe ein Mensch bereit ist, die letzten und wirklichen Schritte zu sich selbst zu tun, müssen alle Irrtümer erfahren und gelebt worden sein.

- Ehe verstanden wird, dass es keinen Verlust gibt, sondern nur Fülle, die nie versiegt, muss das menschliche Bewusstsein durch viele Erfahrungen dafür vorbereitet worden sein.

- Ehe die Erleuchtung eintritt, muss sich der Mensch all seiner Schatten bewusst geworden sein.

Dies ist ein lange andauernder Prozess, der von niemandem und durch nichts verkürzt werden darf oder kann.

Zu allen Zeiten trat die Menschheit auf der Stelle und zu allen Zeiten gab es vereinzelte Menschen, die die Menschheit aus dieser Starre befreiten.

So geschieht es auch heute – und heute in einem weitaus größeren Ausmaß. Denn die Epoche des Unwissens ist zu Ende und die Zeit der Inanspruchnahme ist gekommen.

So erwachen heute die Menschen – und es sind weitaus mehr als zu allen Zeiten bisher.

Die richtige Lebensweise in diesen Tagen ist: Lebe in der Welt ohne Anhaftungen, sei tätig auf der Erde – identifiziere dich jedoch allein mit Gott.

Ich bin SANAT KUMARA
Ich bin dir näher als dein Herz

Arthur Schopenhauer (1788 – 1860) zu den Upanishaden:
„Die lohnendste und erhebendste Lektüre, die auf der Welt möglich ist."

Ein jeder Mensch muss sich,
ob er möchte oder nicht,
jetzt mit den neuen Energien auf
dieser Erde auseinandersetzen.
Das Zeitfenster, in dem sich
jemand ganz davor verschließen
konnte, hat sich geschlossen.

SANANDA

HAST DU HEIMWEH?

GESPRÄCH MIT SANANDA

AUFARBEITUNGSTRÄUME
ZEITFENSTER FÜR IGNORANZ IST GESCHLOSSEN!
DIE WERKZEUGE EINES MENSCHEN
DIE GNADE GOTTES
DEIN GÖTTLICHER GEIST

19. JANUAR 2018

AUFARBEITUNGSTRÄUME

TRAUM: *Habe einen sehr intensiven Traum, in dem ich bestimmte Schmerzen aus meiner Vergangenheit aufarbeite. Der Traum befindet sich in einer Endlosschleife und die Szenen wiederholen sich immer wieder. Selbst die Tatsache, dass ich zweimal munter werde, kann daran nichts ändern; sobald die Augen wieder zu sind, sehe ich ein und dieselben Bilder.*
(TRAUM ENDE)

JJK: Nach dem Aufwachen bin ich, obwohl ich 10 Stunden geschlafen habe, wie gerädert. Sofort drängt sich mir der Gedanke auf, was machen Menschen, die genauso gerädert aufwachen, sich aber an ihre Träume nicht erinnern? Sie wissen einfach nicht, warum sie sich so müde und niedergeschlagen fühlen?

Und die zweite Frage: Geschehen diese Aufarbeitungsprozesse bei allen Menschen, heißt, auch bei jenen, die sich an Träume nicht erinnern?

Was ich nämlich in diesem Zusammenhang beobachte, ist, dass regelmäßig Menschen in meinem Umfeld über Müdigkeit und Kraftlosigkeit klagen, was sie sich aber nicht erklären können. Sind es „Aufarbeitungsträume", an die sich kaum jemand erinnert, die dies verursachen?

SANANDA: Es ist von Mensch zu Mensch verschieden! Was alle Menschen in diesen Tagen zu bewältigen haben, ist, die täglich zunehmenden Energiefrequenzen aus der ZENTRALEN SONNE zu integrieren. Dies geschieht auf drei unterschiedliche Arten:
1) Bewusstes Integrieren
2) Unbewusstes Integrieren
3) Widerstand leisten, bis der Widerstand aufgegeben wird

ZEITFENSTER FÜR IGNORANZ IST GESCHLOSSEN!

Das heißt, *ein jeder Mensch muss sich, ob er möchte oder nicht, jetzt mit den neuen Energien auf dieser Erde auseinandersetzen. Das Zeitfenster, in dem sich jemand ganz davor verschließen konnte, hat sich geschlossen.*

Träume, wie du sie beschreibst, sind Teil der umfassenden Heilung eines Menschen. In deinem Fall betrafen die „Endlosschleifen" Heilungen an deinem emotionalen Körper.

Deine Rückschlüsse, was die Erinnerung an Träume betrifft, sind zutreffend und es ist richtig, dass sich viele Menschen nicht an ihre nächtlichen Reisen erinnern und dennoch ausgiebig durch das Licht transformiert werden.

Deshalb gebe ich jedem Menschen, der sich oftmals
niedergeschlagen fühlt oder trotz ausreichendem Schlaf
nicht in seine Kraft und Mitte kommt, den Hinweis,
bittet vor dem Einschlafen darum, in eine Kristallstadt
gebracht zu werden, damit ihr regenerieren könnt.
Verlangt nach kurzen Pausen, das wird euch sehr schnell
wieder kräftigen und aufrichten.

JJK: Warum können sich so viele Menschen nicht an ihre
Träume erinnern?

SANANDA: Die Traumebene und die Traumerinnerung
werden einem Menschen dann zugänglich, wenn er sich
dafür wirklich öffnet. Das ist der eine Grund.

Ein zweiter Grund ist, dass bestimmte
Wahrnehmungsebenen einem bestimmten Menschen
ein Leben lang verschlossen bleiben können. Dann,
wenn die Seele es so gewählt hat, dann, wenn karmische
Ursachen zugrunde liegen, oder dann, wenn ein Mensch
dieses Erkenntnisfeld für seine Aufträge nicht benötigt.

Nicht alle Menschen verfügen über ein und dieselben
Werkzeuge. Was für den Einen eine große Hilfe darstellt,
kann sich für den Anderen als ein Hindernis erweisen.
Es geht darum, dass ein jeder Mensch exakt die Mittel
oder „Talente" erhält, die seinem spezifischen Leben
dienlich sind.

JJK: Was mich betrifft, so erhalte ich zwar Botschaften, aber ich sehe nicht in die andere Welt. Feinstoffliches sehen, kann ich nicht, gleich, wie sehr ich mich auch bemühe?

DIE WERKZEUGE EINES MENSCHEN

SANANDA: Es ist ein Werkzeug, das du für deine Arbeit jetzt nicht benötigst. Du „siehst" anders – und solche inneren Werkzeuge hat jeder Menschen erhalten. Es gilt diese nur zu aktivieren; und aktiviert werden diese Fähigkeiten im Rahmen der eigenen Transformation. Nach und nach öffen sich die Kanäle und neue Zugänge werden offenbart. Das heißt: Wer immer bewusster wird, dem enthüllen sich die Dinge ganz von selbst und auf ihre einzigartige Weise.

JJK: Die Sehnsucht nach Heilung und das Feuer nach Verwirklichung wachzuhalten und dem spirituellen Pfad ohne Wenn und Aber zu folgen...
Ist das der Weg?

SANANDA: Wichtig zu begreifen ist, dass ein jeder Mensch an einem spezifischen Punkt in seiner Bewusstwerdung steht. Kein Mensch gleicht dabei dem anderen. So nun ein Mensch, der sich nicht an seine Träume erinnern kann, diese Erinnerung für unverzichtbar hält, so kann er darum bitten.

Vieles, was nicht zu eurer Grundausstattung gehört – gemeint sind die euch vom Himmel verliehenen Talente – kann durch euren Willen hinzugewonnen werden. Ist die spirituelle Basis dafür vorhanden, so wird dies auch geschehen und gegeben.

Das bedeutet: Jeder Mensch kann, wenn er mit einem Umstand nicht mehr zufrieden ist oder auf bestimmte Fähigkeiten zugreifen möchte, weil die Situation es erfordert, dies auch ändern. Der freie Wille ist die Basis für diese Selbstermächtigung.

JJK: Ja, ich zum Beispiel möchte in die feinstoffliche Welt nicht sehen, da mich das nur ablenken würde – oder ich würde dann womöglich die Füße nicht mehr auf die Erde bekommen. Ich habe in der Tat beschlossen, dieses Werkzeug nicht zu wählen – bis heute.

SANANDA: Eine klare Entscheidung, der entsprochen ist.

JJK: Kann es auch sein, dass Menschen – die sich an ihre Träume nicht erinnern können oder die auch ansonsten wenig Einblick über ihr 3D-Leben hinaus haben – dies blockieren? Ist es möglich, dass Menschen ihre „Talente" nicht wahrnehmen und somit vergeuden?

DIE GNADE GOTTES

SANANDA: Ja. Viele Menschen leben am Leben vorbei. Sie leben ein „Stellvertreter-Leben", aber nicht ihr eigenes. Die Gründe dafür sind sehr vielfältig. Der Hauptgrund ist jedoch der, dass die Menschen irgendwann in diesem Leben eine falsche Abzweigung gewählt haben und seither nicht mehr zurück auf den rechten Weg finden. Eine einzelne falsche Entscheidung zieht eine Kette von falschen Weggabelungen nach sich. Einen Ausweg bietet die Gnade Gottes.

Ohne die Gnade Gottes kann kein Mensch etwas erreichen und mit ihr ist alles möglich!

Das gilt es zu bedenken; und sobald sich ein Mensch aufgrund von „Schicksalsschlägen" für das Transzendente öffnet, wird die Gnade Gottes wirksam.

Auch ein zweiter Punkt ist bedeutsam: Für die Menschen, die die Wahrheit noch nicht ertragen können, sind ihre Blockaden ein Schutz – während für Menschen, die für bestimmte Erkenntnisse überreif sind, Blockaden ein Hindernis bilden.

JJK: Wie ist das Eine vom Anderen zu unterscheiden, damit die richtige Zuordnung getroffen wird?

SANANDA: Das Innerste – dein Herz weiß es. Jeder Mensch ist mit dieser inneren Weisheit ausgestattet und wer gräbt, der stößt auf diesen Schatz.

JJK: Das heißt, jeder kann nur durch sich selbst „wachgeküsst" werden?

SANANDA: Das ist die unwandelbare Wahrheit auf dieser Ebene des Seins.

Jeder Mensch ist durch seine tiefe, innere, göttliche Wirklichkeit souverän. Es geht alles von dir selbst aus, es beginnt in dir und endet durch dich.

DEIN GÖTTLICHER GEIST

Die größte Macht über dich hat dein göttlicher Geist und es ist deine göttliche Seele, die die lichtvollen Impulse in dein alltägliches Leben einspeist. Geduldig und in Kenntnis deiner Potenziale wartet dein göttliches Selbst darauf, dass du auf diese Impulse antwortest.

Zusammengefasst für diese Botschaft:
Die bewusste Erinnerung an Träume oder das Sehen in die feinstoffliche Welt sind Werkzeuge, mit denen es verantwortungsvoll umzugehen gilt.

Weder ist ein Mensch, der „Geister" sehen kann, ein „Erleuchteter", noch sind Menschen, denen sich keine dieser Ebenen erschließt, „unbewusst". Grundsätzlich gilt:

Jeder Mensch erhält jene Werkzeuge, die er für seine Aufträge benötigt und jeder Mensch, der auf Abwege gerät, kann durch die Gnade Gottes auf die richtige Spur zurückgelangen.

Und schließlich ist es der freie Wille, der die Gnade Gottes aktiviert.

Heute durchschreiten die Menschen den Tunnel der Zeit. Es ist ein Übergang in eine neue Wirklichkeit. Damit einhergehen intensive Transformationsprozesse, die die Menschen schrittweise auf das Licht am Ende des Tunnels vorbereiten.

Mitzugehen bedeutet mitzuschwingen, bis der Ausstieg aus dieser Welt vollkommen und der Aufstieg auf die andere Welt vollendet ist.

Deine Sehnsucht nach Gott bestimmt, wie weit dich der Wind der Erneuerung trägt. Hast du Heimweh?

Ich bin SANANDA

Am Höhepunkt jeder Krise sind die Potenziale zur individuellen Erkenntnis am größten.

SANANDA

DIE DEMOKRATIE-TÄUSCHUNG

GESPRÄCH MIT SANANDA

DER SELBSTHASS VON HEUTIGEN ANTIFASCHISTEN
MIMIKRY DER ELITEN
KRISE ALS CHANCE
IST AUSSERIRDISCHE HILFE ZU ERWARTEN?
DIE BEGLÜCKENDE REISE

24. JANUAR 2018

DER SELBSTHASS VON HEUTIGEN ANTIFASCHISTEN

JJK: Mir ist ganz plötzlich klar geworden, dass der ganze Hass der heutigen Antifaschisten, kurz ANTIFA, die gewaltsam gegen alles, was rechts scheint oder rechts ist, vorgehen, daher kommen kann, dass viele dieser Menschen im letzten Leben selbst echte Nazis oder Faschisten waren. Kann dieser Selbsthass solche Reaktionen hervorrufen?

SANANDA: Unerlöste Dramen bringen immer neue Dramen hervor. Das Pendel des Schicksals bewegt sich von links nach rechts und von rechts nach links – bis es sich in der Mitte einfindet und die Gegensätze vereint sind. In dem von dir angesprochenen Fall wird dieser Hass auf alles, was politisch rechts steht, durch drei Faktoren bewirkt:

1) Gedankenkontrolle
2) Einfluss der durch wirkungsvolle Medien transportierten veröffentlichten Meinung
3) Unerlöste individuelle Konflikte aus diesen oder ähnlichen Epochen

Wie von dir angesprochen: unerlöste Themen sind bei solch einem Verhalten immer die Ursache.

Ja, Selbsthass ist immer die größte Motivation, brutal gegen die eigenen Spiegelungen vorzugehen.

JJK: Dabei haben ja die heutigen „Rechten" nichts mit den Nazis der Vergangenheit zu tun. Es sind bürgerliche Parteien, die sich beispielsweise gegen den Bevölkerungsaustausch stellen und aufgrund dieser prekären Lage nur die eigene Identität bewahren wollen. Mir scheint es so, dass die wahren Nazis und die heutigen Faschisten durch die NWO definiert sind – und viele dieser Vertreter sitzen in den Regierungen und Staatskanzleien der Welt. Die NWO verfolgt genau die Ziele, die auch Hitler verfolgte: ein Weltreich (Diktatur) unter einem Führer! Dafür werden Volksidentitäten mitsamt der Religion abgeschafft und die Individualität von Menschen ausgelöscht. In der Folge gibt es wenige, die herrschen, und viele, die unterdrückt werden.

Heute nimmt die Kluft zwischen Arm und Reich, zwischen Oben und Unten eklatant zu und längst bestimmen weltumspannende Konzerne die Politik. Das nenne ich Faschismus oder Nazismus pur. Umso grotesker ist es, dass die, die dagegen auftreten, als solche bezeichnet werden!?

SANANDA: Die Welt läuft verkehrt. Oben ist unten, gut ist böse, rechts ist links und links ist recht. Die Verwirrung für die Menschen ist perfekt.

MIMIKRY DER ELITEN

Dies ist Teil der Mimikry der Eliten, die Dinge so erscheinen lassen, wie es ihnen dient und wie es die Menschen nicht durchschauen. Es ist leicht, Menschen, die selbst noch große unerlöste Themen von Kriegen und Weltkriegen in sich tragen, zu täuschen – und darauf zielt diese Propaganda ab.

JJK: Echte Nazis geben sich als Nazijäger aus und die Gejagten wissen nicht, wie sie aus dieser Falle herauskommen.

THEODOR W. ADORNO (1903 – 1969) sagte sehr zutreffend, er fürchte nicht die Rückkehr der Faschisten in der Maske der Faschisten, sondern die Rückkehr der Faschisten in der Maske der Demokraten.

Wohin kann das führen, wenn diese „Demokratie-Täuschung" bei den Menschen noch lange so verfängt?

SANANDA: In große Entladungen einerseits und alles verändernde Bewusstseinsprozesse bei einzelnen Menschen andererseits.

KRISE ALS CHANCE

Am Höhepunkt jeder Krise sind die Potenziale zur individuellen Erkenntnis am größten.

Der Druck sorgt dafür, dass Menschen ihre Lethargie überwinden. Überlebensdruck und Transformationsdruck nehmen zu, was die Menschen zu völlig neuen Überlegungen anspornt, was zu bisher unvorstellbaren Handlungsweisen führt.

Jede Krise ist eine Chance und diese große Krise ist die Gelegenheit, die Differenzen zwischen den Menschen beizulegen und eine andere Ebene des Zusammenlebens zu verwirklichen.

Menschen, die aus den derzeitigen Krisen und jenen Krisen, die noch folgen, falsche Rückschlüsse oder keine Einsichten ziehen, werden nicht mehr Teil der neuen Menschheit sein.

Das Goldene Zeitalter wird von Menschen, die mit sich selbst und mit ihren vielen Existenzen Frieden geschlossen haben, begründet. Nur Menschen, die sich mit sich selbst ausgesöhnt und mit Gott verbunden haben, sind Teil der neuen Erde – und seit Jahren trennt sich in dieser Hinsicht die Spreu vom Weizen.

IST AUSSERIRDISCHE HILFE ZU ERWARTEN?

JJK: Wird uns außerirdische Hilfe zuteil? Werden Lichtkräfte des Himmels direkt in das Geschehen eingreifen? Wenn ich denke, von welch verrückten Staatschefs wir umzingelt sind, dann wird mir manchmal bang?

SANANDA: Diese Hilfe, indem direkte Eingriffe von nicht-irdischen Lichtkräften unternommen werden, ist seit einiger Zeit Teil der Abläufe auf Erden. Himmel und Erde, Menschen dieser Welt und Wesenheiten anderer Welten sind seit geraumer Zeit vereint.

Ziel ist es, die Erde auf den Aufstieg vorzubereiten und jenen Kräften, die diesen Planeten für eigene Zwecke missbrauchen möchten, wirkungsvoll entgegenzutreten.

Bestimmte Vorhaben der dunklen Kräfte wurden und werden regelmäßig vereitelt. Was im Hintergrund geschieht und sich dem Auge der meisten Menschen entzieht, ist wahrlich Ehrfurcht gebietend. Bis diese Kräfte diese Ebene des Seins verlassen, ist noch zu tun. Seid euch gewiss: Alles, was dafür notwendig ist, wird auch geschehen! Deren Zeit ist wahrlich abgelaufen.

Wir beenden unser Gespräch an dieser Stelle.

DIE BEGLÜCKENDE REISE

Geliebte Menschen,

zu erwachen und sich zu erheben wird immer dringlicher! Schiebt die Entscheidung eurer Transformation nicht länger auf.

Erlöst die Verwundungen alter Tage und entlasst die Schmerzen aus diesem und aus längst vergangenen Leben.

Stürzt euch mutig in eure Themen. Wisset, ihr werdet aufgefangen und euch leicht wie eine Feder gegen den Himmel erheben.

Werft euer ganzes Reisegepäck ab, denn für die Weiterreise werdet ihr neu ausgestattet: mit einem Geist, der alles vermag, einem Bewusstsein, das allgegenwärtig ist, und einem neugeborenen Körper – verjüngt und auf die neue Erde eingeschwungen.

Wiedergeboren werden im Geiste des Einen, das ist der Aufbruch, um den es jetzt geht. Schiebt diese beglückende Reise bitte nicht länger auf.

Ich bin bei euch.
Ich bin SANANDA

Worum es geht, ist, dieser Menschheit ihre eigene Entwicklung ohne Einflussnahme von dunklen Kräften zu ermöglichen – und dafür müssen schädliche Einflüsse aus Parallelebenen aufgelöst werden.

MEISTER ST. GERMAIN

REISEN AUF PARALLELERDEN

GESPRÄCH MIT
MEISTER ST. GERMAIN

REPARATUR VON ZEITLINIEN
WAS MACHT DIESE ARBEIT AUS?
REISEN AUF PARALLELERDEN

28. JANUAR 2018

JJK: Mich beschäftigt das Thema „Reparatur von Zeitlinien". Haben auch wir Menschen damit zu tun? Halten auch wir Menschen uns auf Parallelerden auf, um Heilungen zu erwirken? Manchmal scheint es mir, dass meine Träume darauf hinweisen.

REFARATUR VON ZEITLINIEN

MEISTER ST. GERMAIN: Ja. Du bist in der Nacht sehr oft auf Außendienst. Bei dieser Arbeit werden spezifische Potenziale erfahren und durchlebt. Das ist das Wesen dieses Prozesses und der kann schmerzvoll sein.

JJK: Erklären sich dadurch meine Albträume, die sich in einer bisher ungekannten Häufigkeit wiederholen? Oder sind das reine Aufarbeitungsträume, die nur mit mir zu tun haben?

MEISTER ST. GERMAIN: Diese Träume haben eine ganz spezifische Qualität und heben sich deutlich von allen anderen Träumen, auch Albträumen, ab. Den Unterschied erkennst du immer sofort nach dem Aufwachen, solange die Eindrücke noch frisch sind. Dabei geht es in den Albträumen darum, bestimmte Schmerzen auf einer anderen Ebene zu durchleben, damit sie auf dieser Ebene nicht erfahren werden müssen.

JJK: Was hat das für Auswirkungen auf diese Erde?

MEISTER ST. GERMAIN: Dass bestimmte Ereignisse in der Zukunft anders verlaufen. Die Reparatur von Zeitlinien, die direkt mit dieser Erde verbunden sind, bewirkt, dass bestimmte Entwicklungen abgemildert und harmonischer geschehen können. Vereinfacht ausgedrückt: Schmerzen, die du in der Traumwelt durchlebst, bleiben im Wachbewusstsein aus. Dies trifft auch auf globale Ereignisse zu.

JJK: Ich möchte ja auch die vielen schönen und erhebenden Träume nicht unerwähnt lassen, aber diese Albträume stellen eine echte Belastung dar.

MEISTER ST. GERMAIN: Mit der du immer besser umgehst. Es gibt für bestimmte Heilungen nur den Weg, durch Schmerzen hindurchzugehen. Du hast diesen Dienst gewählt. Zwei Dinge sind dafür ausschlaggebend:

1) Vereinbarungen vor dieser Geburt
2) Spirituelle Kraft, um dies bewerkstelligen zu können und um durchzuhalten

JJK: Ich zweifle nicht daran durchzuhalten, doch manchmal fehlt mir das Verständnis dafür, da die Häufigkeit wirklich enorm ist.

MEISTER ST. GERMAIN: Hier ist die Antwort gegeben – und das Verständnis dafür kann von jedem Menschen, der bestimmte Aufgaben seines eigenen spirituellen Erwachens bereits gemeistert hat, erlangt werden. Das Operieren auf unterschiedlichen Zeitlinien bedarf eines gefestigten spirituellen Charakters – und wer den einen oder anderen eigenen Schatten bereits überwunden oder aufgelöst hat, der versteht, worum es hier geht und kann die richtigen Zuordnungen treffen.

JJK: Gibt es Aussicht auf „Erleichterung"?

MEISTER ST. GERMAIN: Es gibt Pausen. Es gibt Unterbrechungen und Schulungen, um diese Arbeit mit ganzer Aufmerksamkeit tun zu können. Es gibt Kraftorte, die du besuchst, und Heilungen, die du erlangst – für dich selbst und für die Menschen bestimmter Zivilisationen auf Parallelerden.

WAS MACHT DIESE ARBEIT AUS?

JJK: Wie kann ich mir, abgesehen von den Träumen, diese Arbeit vorstellen?

MEISTER ST. GERMAIN: Es gibt Meister und sehr fortgeschrittene Seelen von hoher spiritueller Kraft, die in einem ihrer Körper auf Parallelerden reisen, um

Ereignisse, die auf unserer Welt zu Verwerfungen führen würden, zu korrigieren. Diese Parallelerden wurden durch die dunkle Einflussnahme von außerirdischen Kräften kreiert und sie üben einen negativen Einfluss auf den Aufstieg dieser ursprünglichen Erde aus.

Diese Erde, auf der du dich hier und jetzt in deinem Körper wahrnimmst, ist die „Mutter aller Erden" und diese Mutter hat viele Kinder hervorgebracht. Manche „Kinder" sind jedoch nicht ihre eigenen Kinder und wurden künstlich erschaffen, was erhebliche Störfelder verursacht.

Worum es geht, ist, dieser Menschheit ihre eigene Entwicklung ohne Einflussnahme von dunklen Kräften zu ermöglichen – und dafür müssen schädliche Einflüsse aus Parallelebenen aufgelöst werden.

REISEN AUF PARALLELERDEN

JJK: Das heißt, Ereignisse werden korrigiert. Ist es möglich, dass die Nazis auf einer anderen Erde den Krieg gewonnen haben?!

MEISTER ST. GERMAIN: Ja – und auch diese Auswirkungen gilt es von dieser Erde fernzuhalten.

JJK: Ist es umgekehrt auch möglich, dass Menschen von diesen Parallelerden zu uns reisen und die Dinge durcheinanderbringen?

MEISTER ST. GERMAIN: Die Zugangstore zu dieser Erde werden von den HÜTERN DER ERDE überwacht. Wesenheiten, die keine geeignete spirituelle Schwingungssignatur aufweisen, finden keinen Einlass mehr auf diese Erde.

Wir haben zu tun und wir haben auf unterschiedlichen Ebenen zu tun – eine Tatsache, die noch für einige Zeit andauern wird.

JJK: Gibt es viele Menschen, die diese oder eine ähnliche Aufgaben erfüllen? Denn ich kenne einige, die ähnlich durchgebeutelt werden.

MEISTER ST. GERMAIN: Ab einer bestimmten Ebene der Bewusstheit, erschließt sich dem Menschen sein Dienst und er kennt seine Aufgaben. Es ist nicht möglich, dass ein Mensch diese Art von Dienst verrichtet, ohne davon Kenntnis zu besitzen. Auch du hast es von Anfang an gewusst, dass diese Träume mit bestimmten Heilungen auf anderen Ebenen zu tun haben. Genaueres haben wir heute und hier ausgeführt, jedoch dein inneres Wissen war vom ersten Augenblick an vorhanden und geweckt.

Ja, es gibt eine beeindruckende Schar von Menschen, die sich diesem Dienst der Heilung von Zeitlinien verschrieben haben. Sie alle haben ausreichend Kenntnis davon, anderenfalls könnten sie dies nicht auf geeignete Weise und mit ganzer Hingabe verrichten.

JJK: Wie können wir besser mit den Albträumen umgehen?

MEISTER ST. GERMAIN: Lichtarbeit und das Entfernen aller energetischen Strukturen zu diesen Ereignissen – lasst das Licht seine Arbeit tun, indem ihr es darum bittet, alle energetischen Verbindungen zu diesen Traumbildern zu durchtrennen. Dann werdet ihr sehr schnell wieder klar und leicht.

JJK: Ich tue das immer wieder – und die Ängste bleiben.

MEISTER ST. GERMAIN: Was bleibt, ist die Erinnerung daran. Diese endet, sobald sich diese Erde auf eine harmonischere Grundfrequenz eingeschwungen hat.

Sobald der Weltfrieden greifbar ist, ist diese Arbeit beendet und deine inneren Bilder werden dich gänzlich verlassen – und mit jedem Ereignis, dass auf einer Parallelerde erlöst wird, kommen wir diesem Moment näher.

Es ist die Ungewissheit, die einen menschlichen Verstand plagt, und diese Unsicherheit sorgt für Sorge. Sobald sich die Dinge auf Erden für die Augen sichtbar in eine positive Richtung wenden, endet auch dieser Teil deiner Arbeit und es werden alle Traumbilder geklärt, gereinigt oder aufgehoben.

JJK: Erleichterung ist jetzt möglich, mehr noch nicht?

MEISTER ST. GERMAIN: Solange diese Arbeit fortgesetzt wird, werden in deinen Emotionalkörper bestimmte Traumbilder eingespielt. Während du das eine Bild erlöst, drängt sich schon ein neues auf. Das ist der Prozess und ist die tägliche Arbeit.

Auch hier ist ein Ende in Sicht, denn die Ereignisse auf dieser Erde nehmen einen günstigen Verlauf in einer harmonischen Bahn.

Ich bin mit der Menschheit eins und wie ihr, sehe ich der Heilung unserer Erde mit großer Freude entgegen.

Unsere Liebe hat uns hierher gebracht und sie führt uns auf andere Welten – damit diese Erde heilen kann.

Ich bin MEISTER ST. GERMAIN

Die Parole ist: raus aus der Opferrolle und hinein in die Eigenverantwortung

JAHN J KASSL

NACHWORT DES AUTORS

WAS KÖNNEN WIR JETZT TUN?

Eine praktische Anleitung:

Wie kann jeder Einzelne von uns zum Wandel wirksam beitragen? Was sind geeignete Maßnahmen, um dieser Matrix zu entsteigen? Wodurch entkoppeln wir uns vom „System" und wie erzeugen wir eine neue Wirklichkeit?

Hier einige Punkte, um die es aus meiner Sicht jetzt geht. Denn den Wandel, den wir uns für die Welt wünschen, müssen wir zuerst in uns selbst verwirklichen.

Die Parole ist: raus aus der Opferrolle und hinein in die Eigenverantwortung. In diesem Sinne eine praktische Anleitung:

1) Zuversichtlich bleiben, das Goldene Zeitalter im Auge behalten und im Herzen nähren.
2) Die Meinung sagen und im eigenen Umfeld Klartext reden.
3) Farbe bekennen, auch wenn die Gehirn gewaschenen Medien und Politiker die Nazikeule schnell zur Hand haben.

4) Den Opferstatus ablegen:
   - die eigene Kraft wahrnehmen,
   - den eigenen Willen ausdrücken.,
   - die eigene Macht anwenden.
5) Freude ausstrahlen und Liebe geben.
6) Gott und den himmlischen Mächten vertrauen.
7) Die innere Anbindung an das Göttliche stärken.
8) Die eigene Transformation fortsetzen und das Friedensreich im Inneren erlangen.
9) Das Gute in der Welt sehen.
10) Einen Baum pflanzen.
11) Einem Kind das Leben schenken.
12) Menschlich sein und sich von der Unmenschlichkeit nicht anstecken lassen.
13) Sich mit Freunden, Familie und Gleichgesinnten umgeben.
14) Konsumboykott üben und/oder dem System, wo immer möglich, Energie entziehen:
    - Abverkäufe meiden (Diese schüren das Mangelgefühl!),
    - TV-Geräte entfernen (Sind Angstmaschinen!),
    - Wahlen boykottieren (Wählen heißt das System legitimieren!), es sei denn, sie können sich für einen Kandidaten verbürgen,
    - mit Bargeld bezahlen,
    - Fertiggerichte, industriell hergestellte Füllstoffe verweigern (diese halten dich dumpf und vermindern dein Denkvermögen),

- selber kochen,
- reines Wasser oder Natursäfte anstatt Softdrinks trinken,
- regelmäßig meditieren,
- in die Natur gehen.

15) Niemals aufgeben.
16) Orientiert bleiben und die Unterscheidungsfähigkeit trainieren.
17) Der eigenen Intuition, dem „Bauchgefühl", vertrauen.
18) Mit offenen Augen durch die Welt gehen.
19) Sich mit eigenen Ängsten bewusst auseinandersetzen, damit sie gehen können (Diese niemals verdrängen!).
20) Achtsam sein und Selbstreflexion betreiben.
21) Aufschreien, wenn es weh tut, und STOPP sagen, wenn es reicht.
22) Jedem, der sich taub oder blind stellt entgegenrufen: WACH AUF! JETZT.

JAHN J KASSL

PS: Diese Liste erhebt keinen Anspruch auf Vollständigkeit.

LITERATUR – UND QUELLENVERZEICHNIS

1. Ein Elemental ist ein durch Gedankenkraft erschaffenes geistiges Gebilde, das durch ständige Wiederholung oder durch Konzentration eine Art Eigenleben bekommen und seinen Urheber oder andere beeinflussen kann. Dieses Wort wird heute oft in negativen Zusammenhängen gebraucht (z. B. Süchte), ist aber eigentlich wertneutral. Mit dem Ausdruck „elementales Bild" ist hier die bildhafte Projektion oder Vision eines Sehers gemeint, die aufgrund ihrer hohen geistigen Schwingung viele Menschen inspirieren oder sogar zum Leitbild einer ganzen Gesellschaft avancieren kann. Im negativen Sinne ist es aber auch möglich, durch solche Bilder Menschen zu manipulieren (Anm. d. Übersetzers, aus dem Buch Anastasia, Band 4, Schöpfung, Wladimir Megre, Govinda-Verlag, S. 96).
2. Peace around the clock. Schlüssel zum Weltfrieden – wir erschaffen ein neues Elementalbild: https://lichtweltverlag.at/wp-content/uploads/2017/06/Friedensmeditation.pdf
3. „Völkerwanderung nach Europa hat ein jähes Ende", DIE GROSSE ZEIT IST GEKOMMEN, S. 229ff, Lichtweltverlag, 2017; http://lichtweltverlag.at/2017/05/15/lichtkrieger-europas-wacht-auf-asana-mahatari/
4. Rudolf Steiner: Das Kali Yuga (Sanskrit, n., कलियुग, kaliyuga = Zeitalter der Kali), das letzte der vier gegenwärtigen Yugas, war das finstere Zeitalter, mit dessen Beginn, den Rudolf Steiner für das Jahr 3101 v. Chr. ansetzt, die letzten Reste des alten Hellsehens am Ende der Urpersischen Zeit (5067 - 2907 v. Chr.) für den weitaus größten Teil der Menschheit schlagartig erloschen sind. Das Kali Yuga währte 5000 Jahre und endete somit nach Rudolf Steiner 1899. Vor 25.000 Jahren begann die Finsternis und erreichte im Kali Yuga, also vor über 5000 Jahren, seine stärkste Ausprägung. (Anm.JJK.); https://anthrowiki.at/Kali_Yuga

Armin Risi: Es heißt, „die Zeit, wie wir sie bisher kannten" werde zu Ende gehen. Möglicherweise wird das Jahr 2012 ein Tiefpunkt sein, der auch ein Wendepunkt sein wird – und die Startphase zu einem Quantensprung in eine neue Zeit, die kein „Kali Yuga" mehr sein wird. Die indischen Prophezeiungen sprechen hier von einem neuen Zeitalter mit satya-yuga-ähnlichen Zuständen. Das bedeutet: Alle Mächte, die ihre Macht und Existenz auf Lügen und Täuschungen aufgebaut haben, werden dann nicht mehr vorhanden sein. Gott sei Dank...
http://armin-risi.ch/Artikel/Vedisch/Wie-lange-dauert-das-Kali-Yuga.php

5 Matthäus 24, Lutherbibel:

35 Der Himmel und die Erde werden vergehen, meine Worte aber sollen nicht vergehen.

36 Von jenem Tag aber und jener Stunde weiß niemand, auch nicht die Engel in den Himmeln, auch nicht der Sohn, sondern der Vater allein.

37 Aber wie die Tage Noahs waren, so wird auch die Ankunft des Sohnes des Menschen sein.

38 Denn wie sie in jenen Tagen vor der Flut waren: Sie aßen und tranken, sie heirateten und verheirateten bis zu dem Tag, da Noah in die Arche ging

39 und sie es nicht erkannten, bis die Flut kam und alle wegraffte, so wird auch die Ankunft des Sohnes des Menschen sein.

40 Dann werden zwei auf dem Feld sein, einer wird genommen und einer gelassen;

41 zwei Frauen werden an dem Mühlstein mahlen, eine wird genommen und eine gelassen.

42 Wacht also! Denn ihr wisst nicht, an welchem Tag euer Herr kommt.

43 Das aber erkennt: Wenn der Hausherr gewusst hätte, in welcher Wache der Dieb kommt, so hätte er wohl gewacht und nicht zugelassen, dass in sein Haus eingebrochen wird.

44 Deshalb seid auch ihr bereit! Denn in der Stunde, in der ihr es nicht meint, kommt der Sohn des Menschen.

6 https://www.basel-express.ch/redaktion/geopolitik/315-un-schweden-wird-bis-2030-ein-dritt-welt-land-werden

7 http://lichtweltverlag.at/produkt-kategorie/atlantis-erbe/

8 http://lichtweltverlag.at/produkt/kristallwuerfel-des-aufstiegs/

9 Am 26. Oktober 2017 wollte US-Präsident Donald Trump die bisher geheimen Akten der Ermordung von John F. Kennedy am 22. November 1963 in Dallas öffentlich machen. Jedoch den Geheimdiensten gelang es erneut, die wesentlichsten Dokumente zurückzuhalten. Die Wahrheit blieb abermals auf der Strecke.

10 Die Archonten: Etwa 20 % der Nag Hammadi Texte berichten über die Spezies der Archonten. Sie werden als eine nicht-physische Spezies beschrieben, die aber kurzzeitig physische Form annehmen kann. In einem der Nag Hammadi Texte (Apokryphon des Johannes) werden Entführungen von Menschen durch kleine Wesen beschrieben. Die Ähnlichkeiten zu den „Grauen", wie sie in vielen Science-Fiction-Filmen dargestellt oder wie sie von Menschen beschrieben werden, die eine „Entführung durch Außerirdische" erlebt haben, ist beeindruckend. Wenn man berücksichtigt, dass diese Texte fast 2000 Jahre alt sind, dann scheint nahezuliegen, dass es einen engen Bezug zwischen den Archonten und der Menschheit gibt. Die Archonten werden als geistige Eindringlinge beschrieben. Sie sind nicht in der Lage, längere Zeit in unserer materiellen Welt zu überleben, ähnlich wie Menschen nur kurze Zeit unter Wasser überleben können, ohne Luft zu holen. Ihr bevorzugter Zugang zu unserer Realität ist durch den menschlichen Verstand. Gnostische Texte warnen vor den Archonten und ihren Versuchen, die menschliche Evolution von ihrem Kurs abzubringen. Hierzu haben sie vor allem zwei Methoden:

1. Fehler: Menschen machen Fehler, aber Menschen sind nicht gut darin, aus Fehlern zu lernen. Die Archonten sind Experten darin, den Unwillen der Menschheit, aus ihren Fehlern zu lernen, auszunutzen.

2. Simulation: Die Archonten sind Experten für virtuelle Realitäten und holografische Projektion: Sie können holografische Bilder von jedem existierenden Lebewesen erzeugen, aber diesen Hologrammen fehlt die Vitalität des Originals, es wirkt künstlich.

https://www.matrixwissen.de/index.php?option=com_content&view=article&id=237:gnosticism-and-the-archons&catid=141:gnostik&lang=de&Itemid=121

11 Die Jesus Biografie Teil 1, Lichtwelt Verlag 2016
    https://lichtweltverlag.at/produkt/jb1/
12 Die Upanishaden: Eingeleitet und übersetzt von Eknath Easwaran, S. 279, Goldmann
13 Die Upanishaden: Eingeleitet und übersetzt von Eknath Easwaran, S. 279ff, Goldmann
14 Die Upanishaden: Eingeleitet und übersetzt von Eknath Easwaran, S. 278, Goldmann

PUBLIKATIONEN JAHN J KASSL

IM ZEICHEN DES WANDELS
Lichtweltverlag (2018) gebundene Ausgabe

JETZT BIST DU DA – TAGEBUCH EINES ERWACHENS. GESPRÄCHE MIT JESUS SANANDA
Lichtweltverlag (2017) gebundene Ausgabe

KURS IM KREIEREN – PAUL DER VENEZIANER
Lichtweltverlag (2017) gebundene Ausgabe, (2012) eBook

DIE ERDE WIRD NICHT ZERSTÖRT!
Lichtweltverlag (2017) gebundene Ausgabe

30 TORE ZUR ERLEUCHTUNG
Lichtweltverlag (2017) gebundene Ausgabe, (2012) eBook

ES WIRD STILL AUF DIESER WELT
Lichtweltverlag (2016) gebundene Ausgabe

DIE JESUS BIOGRAFIE – TEIL I
3. Auflage, Lichtweltverlag (2015) gebundene Ausgabe, (2010) eBook

DIE GROSSE ZEIT IST GEKOMMEN
Lichtweltverlag (2015) gebundene Ausgabe

KRISTALLWÜRFEL DES AUFSTIEGS – MIT ARBEITSBUCH
Lichtweltverlag (2015) Sondereinband

**ELIJA PROPHEZEIUNGEN 49 – 65,
FÜR ALLE 4D-WELTEN BIS IN DAS JAHR 3000**
Lichtweltverlag (2014) eBook

LICHT I – HEILUNG DURCH GOTT
2. Auflage, Lichtweltverlag (2018) gebundene Ausgabe, (2011) eBook

TELOS, WILLKOMMEN IN AGARTHA
Lichtweltverlag (2014) gebundene Ausgabe, (2015) eBook

LEBEN, BAND I
Lichtweltverlag (2013) gebundene Ausgabe, (2014) eBook

ELIJA PROPHEZEIUNGEN 1–48
Lichtweltverlag (2013) eBook

TROMMELSCHLAG DES SCHÖPFERS
Lichtweltverlag (2013) eBook

OFFENBARUNGEN SANANDA – TEIL II
Lichtweltverlag (2012) eBook

KURS ZUR FREIHEIT – BABAJI
Lichtweltverlag (2012) eBook

13 SCHLÜSSEL ZUM LEBEN
Lichtweltverlag (2011) eBook

DER LICHTNAHRUNGSPROZESS – GRENZERFAHRUNG IN 21 TAGEN
Lichtweltverlag (2011) eBook

OFFENBARUNGEN SANANDA – TEIL I
Lichtweltverlag (2010) eBook

DIE JESUS BIOGRAFIE – TEIL II
Lichtweltverlag (2011) gebundene Ausgabe, (2010) eBook

2026
Lichtweltverlag (2011) gebundene Ausgabe, (2010) eBook

LICHT II
Lichtweltverlag (2009) gebundene Ausgabe, (2010) eBook

Alle Titel erhältlich im Lichtweltverlag – www.lichtweltverlag.at